360°
全景旅行
（第4版）

中国最美的地方

仙境四川

《亲历者》编辑部 编著

中国铁道出版社有限公司
CHINA RAILWAY PUBLISHING HOUSE CO., LTD.

图书在版编目（CIP）数据

中国最美的地方．仙境四川《亲历者》编辑部编著．—4版．—北京：中国铁道出版社有限公司，2022.5

（亲历者．360° 全景旅行）

ISBN 978-7-113-28954-6

Ⅰ．①中…　Ⅱ．①亲…　Ⅲ．①旅游指南—四川　Ⅳ．①K928.9

中国版本图书馆CIP数据核字（2022）第039844号

书　　名：**中国最美的地方：仙境四川**

ZHONGGUO ZUI MEI DE DIFANG: XIANJING SICHUAN

作　　者：《亲历者》编辑部

策划编辑：聂浩智　　**编辑部电话**：（010）63583183

责任编辑：郭景思

版式设计：点点美術設計｜左小文 137 1839 8441

责任校对：苗　丹

责任印制：赵星辰

出版发行：中国铁道出版社有限公司（100054，北京市西城区右安门西街8号）

印　　刷：中煤（北京）印务有限公司

版　　次：2015年6月第1版　2022年5月第4版　2022年5月第1次印刷

开　　本：710 mm × 1000 mm　1/16　印张：13　字数：280千

书　　号：ISBN 978-7-113-28954-6

定　　价：58.00元

序言

"田肥美，民殷富……沃野千里，蓄积饶多，此谓天府。"汉代文学家刘向在《战国策》中这样描述过四川。从此，四川在中国独享了"天府之国"之美誉。

生活在这片土地上的人们，创造了悠久灿烂的巴蜀文化，成为中华文化的重要组成部分。漫漫历史长河中，四川孕育了无数青史留名的伟大人物，李冰父子在此修筑都江堰，诸葛亮勤谨治蜀，李白从这里仗剑远行，杜甫在此望月怀乡，唐玄宗剑阁闻铃……

秀绝天下的峨眉山，以险著称的剑门关，幽静出名的青城山，童话世界的九寨沟，蜀山之王贡嘎山，蜀山皇后四姑娘山……蜀地壮美秀丽的山水，历来称雄天下，人称"天下山水在于蜀"。

大约在 3000 年以前，四川广汉三星堆的工匠们创造了一项伟大的工程。那是一个有着非凡国力的国家，他们用奇异瑰丽的青铜器照亮了巴蜀文化的历史画卷。如今，面对时间这绵长的隧道，我们也只能在月光、星象、舞蹈与火焰映衬下，想象当年那神秘、玄幻、深沉的非凡国家。

除了璀璨的文明宝藏，四川人对食物的专注、追逐和兴趣，更伴随着"川菜"从秦砖汉瓦的高堂正厅之畔，伴随着袅袅炊烟，绵绵不绝地飘到了今天。对泱泱九千万的川人而言，口福是人生幸福的一大部分，饮食则是一项最容易兑现的幸福。

四川的美丽何止于此。这里拥有惊艳的自然风光，拥有古老的历史文化，拥有火辣辣的美食，拥有独特的民俗风情……这里就是四川，一个让人无法拒绝的地方。

目
录
。

问俗 PART 3

寻古 PART 4

幽景 PART 5

炫景 PART 6

风物 PART 7

你好，仙境四川

天府之国，麻辣鲜香
川藏路上，有『诗和远方』
古镇人家，最是人间烟火
康巴之北，繁花似锦，牛羊漫野
康巴之南，雪峰竞雄，江河奔流
三国遗迹，追念先人，感慨万千
古蜀之谜，悬疑至今

九寨沟

在大多数地方都已春暖花开的三月，九寨沟还可以看到皑皑白雪覆盖山峰，可以看到结着薄薄冰面的海子，可以看到冰雪初融时的瀑布，可以看到出芽生长的芦苇，可以看到一片火红的花海……加之此时较为稀少的游人，一定会让你感慨：不虚此行！

1月

西岭雪山

春寒料峭　银光灿烂

2月

四姑娘山

冰雪覆盖　山体陡峭

蜀南竹海

山花开放、草长莺飞的五月，是蜀南竹海最美的季节。此时这里展开了一幅云山竹海的天然画卷，处处翠竹吐绿，焕然一新。竹林深处，溪水初涨，滴滴甘甜，汇聚成众多瀑布。云朵从竹海的沟沟壑壑升起，形成『云山竹海、天上人间』的奇景。

4月
丹巴藏寨
世外桃源　生机盎然

6月
峨眉山
绿树成荫　佛烟袅袅

稻城亚丁

九月是收获的季节，也是稻城亚丁最绚丽多彩的时节。那大片的高原草甸在此时逐渐变为黄绿色，环抱高原海子的水草也由养眼的绿色向迷人的金色过渡。在这金灿灿的高山草甸上策马飞奔，畅快淋漓的感觉一定会让你忘却所有烦忧。

7月 **青城山**
清幽绝境 避暑胜地

8月 **泸沽湖**
高原明珠 摩梭风情

贡嘎山

『蜀山之王』『西南第一峰』『中国最美的雪山之一』……这几个不同寻常的词组合在一起，『贡嘎山』三个字便会跃然而出。十二月的贡嘎，白雪皑皑，峰叠云涌，如同神灵的眼睛，眨动在天地之间。

10月

米亚罗

五色斑斓 草木葳蕤

11月

海螺沟

雪山巍峨 冰川奇绝

PART 1

体验

不同的风景带来不同的风情，风情蕴藏在生活中。来到四川，这里有一些与众不同的体验，真正融入其中之后，也许你会看到不一样的世界。

东方狂欢火把节

火把节，是节日的狂欢，是生命的律动，
是古老和传统的融合。
火把节，是虔诚的祈盼，是热情的跳动，
是欢乐与兴奋的共生。

为了驱逐黑暗与野兽，远古时期的人类发明了火，从此，这股融于无形空气中的跃动，便产生出悠远绵长的奇妙力量。这把火，是炙热的蒸腾，是古今的传承，它传到诗人白居易手中，传来了“野火烧不尽，春风吹又生”的希望；它传到诗人杜甫手中，传来了“烽火连三月，家书抵万金”的惆怅；当它传到古老的彝族人手中，却传来了生命的延续与始终。

彝族，是中国西南部一个崇拜火的古老民族。彝族先民认为火是太阳的花朵，是神仙的灵魂，是幸福安康、祈福消灾的虔诚，所以他们祖祖辈辈崇火、尚火、恋火。千百年来，在这片有悠久历史、古老文化和神奇传说的土地上，豪放的彝族人将那情感的宣泄和释放投入到燃烧的火把中，将欢乐和痛苦、爱恨与情仇、生离和死别一把火全部点燃，让悲伤在火中涅槃，让欢乐像烈火中的凤凰一样永生。为了将薪火世代传递，彝族人便统一在每年农

区 位

凉山州的彝族村寨，其中布拖、普格两县的彝族火把节传承最为完整。

推荐理由

凉山彝族火把节是中国首批公布的非物质文化遗产名录之一，是中国十大民俗节日和四川十大名节，被称为“东方的狂欢节”。

最美季节

每年农历六月二十四日前后。

极致体验

火把节具有十分盛大的庆祝活动，可以观看斗牛、摔跤、斗羊、选美、射箭等多种热闹的节目。

节日中可以亲身参与载歌载舞的篝火晚会。

▲ 凉山彝族火把节上的彝族小女孩。

历六月二十四日这一天点燃火把，村村寨寨、家家户户过起了盛大的火把节。

自汉唐起至今，彝族的火把节已沿袭一千多年。关于火把节的起源，流传着这样两个传说。一个传说是，在远古时候，天上的大力神思惹阿比和地上的大力士俄体拉巴比赛摔跤。思惹阿比战败后，跑上天去搬弄是非，结果惹得天神大怒，于是撒下了众多害虫糟蹋农民辛辛苦苦种植的庄稼，导致粮食颗粒无收，民不聊生。不甘屈服的俄体拉巴后来率领人们点燃火把将害虫驱除，战胜了天神。另一个传说是，天神恩梯古兹在派出的喽啰到人间收取苛捐杂税被杀后，为报复世人放出了害虫祸害人间。民间英雄俄体拉巴相邀大家用火把焚烧害虫以保平安。虽然这两个传说的说法不一，但是基本都离不开驱虫辟邪、企盼丰收的祈愿。

通常，传统的彝族火把节要持续三天。

第一天主要是杀牲祭祖，各家团聚进餐，傍晚后打火把游照田间。

第二天是节日的高潮，热闹而隆重。一大早，村村寨寨男女

游览亮点

- 气势磅礴的螺髻山
- 宁静动人的泸沽湖
- 恬静耀眼的邛海
- 珍贵的西昌地震碑林

▲火把节上斗牛的场景，总是十分激动人心。

老幼穿上节日盛装，成群结队，从四面八方汇聚到火把节集会地，参与或观看摔跤、赛马、斗牛、斗羊、斗鸡等民间体育竞技活动，同时，弹口弦、弹月琴、吹马布、吹葫芦笙、吹竖笛、唱山歌情歌。浩大的“朵乐荷”歌舞场面吸引着千万人的目光，姑娘们一手撑黄伞，一手与情人相牵围场走圈，歌声荡漾。

第三天彝语称“都沙”，意为“送火种”或“送节”，主要活动是各家要到一处焚烧邪恶的地方，把火把拆开，将鸡翅毛、股骨一起焚烧，象征烧灭邪恶妖魔，祝家人平安吉祥。

在所有彝族人举办的火把节中，西昌的火把节最为著名。它不仅成为我国十大民俗节日之一，还是我国首批非物质文化遗产之一，可以说是彝族人民的一笔宝贵财富。每年 7 月，一场不眠的东方狂欢节在西昌上演，熊熊燃烧的焰火照亮了夜晚，将这炎炎的夏日变得更加火热。此时在这里，你不仅可以感受到火把节的浓郁风情，还能充分体验彝家儿女的美丽热情。

火把节的日子，是萌动激情的季节，年年这样，人人这样。夜风轻轻吹着，在星空下，在火光中，彝族人的这把盛世之火，在时间的永恒中化为生命的炙热与搏动。

区 位

四川省阿坝藏族羌族自治州若尔盖县、甘肃省甘南藏族自治州碌曲县交界处的郎木寺镇。

推荐理由

郎木寺是安多地区闻名遐迩的大寺院之一。这里的晒佛节是藏族人民传统的宗教活动，是最隆重、最盛大的节日之一。

最美季节

夏季或冬季，夏季有漫山遍野的格桑花，冬季有雪景及晒佛节。

极致体验

可以欣赏到寺内珍藏的著名巨幅布画和锦缎织绣佛像。

在郎木寺旅行可以顺便将附近的甘南最美村落扎尕那和四川境内的若尔盖花湖、唐克一并游玩。

郎木寺晒佛盛会

郎木寺，没有美丽的街道，没有华丽的小馆，
只有纯净的快乐。
郎木寺，把心灵交给神山，让身体自由行走，
人像在天堂飞翔。

▲ 郎木寺的房屋建筑与红色的山顶，形成鲜明的颜色对比。

对国内人而言，郎木寺是什么地方，大多数人可能都会一头雾水，但是在国际上，但凡关于中国的旅游手册，肯定少不了这个知名度很高的地方。郎木寺实际上并非一座寺庙，而是一个小镇。它地处川甘边境，古时就有“南番中心”之称。甘南闻名的白龙江自此发源，河岸以南是四川若尔盖县的辖区，河岸以北则是属甘肃碌曲县。

初次来到郎木寺，你可能会觉得有点失望，因为它的外表毫不起眼，除了两条简陋的街道、低矮杂乱的房屋外，再也看不到任何别的建筑，但是只要你用心转一转，就会发现不少特别之处。其中最为特别的是，白龙江河两岸的两座藏传佛教寺庙，一座位于甘肃，一座位于四川。这两座寺庙相互守望，超过 200 年，历史上都曾盛极一时。踏进寺庙，寂寞的经堂里少了功利，更多的是信仰的虔诚，可以让人安然于神秘与祥和中潜心修行。

每年农历正月十三，郎木寺还会举行一年一度的晒佛节，这是藏传佛教最大的法会。传说晒大佛是一件很神奇的事，不管当天刮风或是下雨，只要佛一晒出来马上就会雨过天晴。更有传说，当佛像展开到佛的额头时，第一缕阳光定会照到佛的额头上。所以，每次的晒佛活动，场面都会非常壮观。

晨曦中，大佛被僧众抬出来，他们沿着山路将佛像抬到晒佛台上，在雪光闪闪的山头上将巨幅释迦牟尼彩绣逐渐展开，几百名喇嘛围绕在佛像身边高声诵经、挥舞法器，虔诚的人们或手捧哈达，或俯身磕长头，祈安求福。一时间，锣鼓与法号互鸣，僧人与信众齐声，绣佛与寺院相应。

于当地人而言，每次一个多小时的晒佛不仅是他们对信仰的虔诚与执着，更是他们对未来生活的企盼与追求。而对游客来说，在这短暂的时间里，每个人都会学到人生中难得的一课，那就是底蕴深厚的藏族文化的影响。在这里，热情的人们、婉转的风景、纯净的快乐，在铺满格桑花的草原上，自由飞翔，让人在那一刻与尘世更远，与自然更近。

游览亮点

- 金碧辉煌的赛赤寺
- 银白纯净的格尔底寺
- 错落有致的塔板民居
- 嶙峋光秃的红色石山
- 美丽的纳摩大峡谷
- 蜿蜒曲折的白龙江

▼郎木寺冬日胜景，安宁之中透着圣洁。

窗含西岭千秋雪

区 位

成都市大邑县西岭镇。

推荐理由

西岭雪山为国家级风景名胜区、国家级森林公园、AAAA 级旅游景区。主峰海拔 5000 多米，是成都第一高峰。

最美季节

冬季。

极致体验

景区冰雪节期间开设有高山滑雪、雪地摩托、蛇形雪橇、雪上飞碟、雪地冲锋舟、狗拉雪橇、雪地高尔夫等 10 多项冰雪游乐项目。

也许在大多数人的印象中，“千里冰封，万里雪飘”应该是北方才有的风光，而南方，更多的是小桥流水，是温暖和煦，是杏花春雨。然而，温暖的南国与皑皑的冰雪，这两个看似遥不可及的概念却在南方的一处雪山下共生共荣。

西岭雪山，是南中国海拔最低的雪线，雪峰绵延起伏，恰似一条游行天际的玉龙。这条巨龙，时而腾云驾雾，白浪翻卷，隐身于浓浓的云雾之中，不留一点踪迹；时而浮现出夺目的身影，反射着万道霞光，令人怦然心动，忘乎所以。面对蓝天白云下的大雪山，人的心灵也仿佛被洗涤一番，变得畅快明净起来。

1000 多年前，饱经离乱之苦的诗圣杜甫从遥远的京城寓居到四川成都，在当年的草堂里，他从窗口看到了远处终年积雪的大山，那是成都第一峰，在阳光照射下，银光灿烂，秀美壮观，诗兴大发的杜甫写下了“窗含西岭千秋雪”的感叹，从此，“西岭雪”便成为千年来中国人记忆中从未消失的画面。

从 2001 年起，四川省旅游局便组织办起了“南国冰雪节”，每年一届，每届长达三个月，而且每次都会有一个特殊的创意主题。也因此，“南国冰雪节”成为一个品牌符号，引领着整个冬季成都乃至四川旅游的品牌营销，如同大熊猫一般，代表了四川又一经典的旅游元素。

时间回到 2001 年元月，那是第一届南国冰雪节，那一次，“冰雪旅游动感时尚”的活力主题瞬间击破了多年来四川“冬季旅游淡季”的刻板形象；第 7 届时，国内最大的高山滑冰场建成；第 9 届时，中国西南最大的单板公园亮相；第 14 届时，南国冰雪节

西岭雪山，
万里游船不可追，
千秋积雪仍留存。
西岭雪山，
放眼白沙天不平，
阴阳两界自分明。

▼ 阴阳界，是西岭雪山白沙岗上一个大垭口，风光奇美。

▲西岭雪山上不可错过的激情滑雪。

突破传统活动的表演形式，打造出公众参与性更强的滑雪狂欢节，于是在白雪皑皑的雪地里上演了一场滑稽可爱的化装滑雪比赛；第 20 届时，冰雪节迎来了全球华人滑雪大赛，国际一流水准的滑雪赛事在景区首次上演……二十年来，一届又一届的南国冰雪节就像是四川冬季旅游市场的一位“造梦者”，用创新和魄力，在冰雪纷飞中为游人带来意想不到的惊喜和欢乐。

在西岭雪山，滑雪的地点主要在后山半坡的滑雪场，根据周围的山形和坡度，雪场设计和开辟了多条初、中、高级滑雪道。

这里的雪地滑车只有方向和刹车装置，操作简单，乘坐其上可观景、可看人，还可享受到同滑雪一样的快感；雪爬犁是一项传统的雪上运输工具，在平地需有人拉动，在雪坡上将自由滑行，两人合作，简单而快乐；雪上飞伞是深受年轻人喜爱的雪上空中项目，有滑行飞伞和牵引飞伞两种，熟练的滑雪者在动力牵引下，可以学习各种飞行动作，体验到插上翅膀的美妙感觉；雪地越野车是男人的最爱，驾驶着车子在雪地飞驰，特制的越野轮胎、极富挑战性的越野车道，霸气尽显；雪上飞碟是全家人最适合参与的项目，旋转的飞碟自上而下飘动，把人围在中央，一家人将团体精神尽情发挥……

在西岭雪山，无论是登临，发思古之幽情，还是挥舞雪橇，穿林海跨雪原，你所亲密接触的，绝不仅是杜甫诗中凭窗咏叹的那一绝。

↓四季览胜
春赏百花
夏享林荫
秋观红叶
冬玩冰雪

记忆里的东郊

东郊记忆，是过去与现在的交融，
是传统与现代的汇聚。
东郊记忆，是工业与艺术的融合，
是柔软与坚硬的共存。

区 位

成都市成华区建设南支路 4 号。

推荐理由

东郊记忆是国家音乐产业基地、国家 AAAA 级旅游景区、科技与文化融合示范园区、国家工业遗产旅游基地。

最美季节

夏秋季节，天气较好，气候适宜。

极致体验

景区内处处都是当年苏联援建的办公楼、红砖厂房，还有火车头和铁轨，充满了浓浓的怀旧感，还经常有各种音乐演出和艺术展览。

这里还有许多影视娱乐名人的手模墙。

▶ 老火车，带你走进这座“时空音乐园”的深处……

↓游览亮点

- 经典怀旧的火车餐厅
- 个性舒适的八点空间
- 古典韵味的酒吧沙龙
- 热闹非凡的露天广场

在大多数人眼中，“艺术”的内涵柔软而飘逸，它可以很放肆，可以很随意，可以很文艺，更可以很另类。尤其是当它遇到十几米高的厂房、曲折的金属管道、锈迹斑驳的铁轨、砖红色的墙壁——这些大工业时代遗留下来的“坚硬”时，所产生的变化几乎超越了所有人的想象。将废旧工厂变身为艺术园区，以艺术的口吻，用诙谐而又略带张扬的姿态，讲述当代中国以及这片土地上人们的生活，这便是在一些大中型城市中流行的特色艺术。东郊记忆音乐基地就是这样一个地方。

在改造之前，东郊记忆是成都地地道道的大型国企——红光电子管厂，是中国西部的一处老工业基地。20 世纪 60 年代，作为中国工业重点发展的城市，成都东郊的成华、锦江两区先后聚集了250 多家大中型工业企业，成为那个时代的标志。当时的红光电子管厂就是其中名气最大的佼佼者，那时候它不仅是成都，甚至更是中国人的集体骄傲。新中国的第一支黑白显像管就诞生在红光厂的车间中，也因此，各类显像管成为红光厂之后 40 多年的主要产品。然而，经历了在风口浪尖中劈波斩浪的高潮后，红光厂也最终退出了历史舞台。

与北京的798、上海M50 这些以画廊、雕塑为主的“纯艺术范儿”艺术区不同，东郊记忆中注入的主要是音乐的 DNA。有人说，世界上只有音乐是不分国籍与种族的，因为音乐从诞生的那一刻起，就是一种情感宣泄的符号。所以，成都市便将自己最为心爱、最为看重的一片创意园区留给了音乐，东郊记忆也因此成了国内较早的音乐体验主题公园之一。

走进东郊记忆，在棱角分明的工业遗迹中，音乐时时刻刻都发挥着神奇魔力，它如清泉般从墙壁的缝隙间，从生锈的铆钉里渗透出来，汇流成河，流进每一位访客的内心深处。无论阴晴雨雪，不论寒风酷暑，在这里，路边表演者演奏的提琴声、深巷中唱片店里飘出的古典交响乐，甚至酒吧里不时传出的阵阵欢笑声始终吹不散、晒不干。

往园区北边走，就来到了火车头广场。在这座广场中，一列停在一段保留完好的铁轨上、标号为“1519”的四川境内第一批蒸汽式火车头和 4 节绿皮车厢瞬间会吸引每个访客的注意。在它旁边，是以火车为主题的酒店和餐厅，点单会用 20 世纪 80 年代绿皮火车上用的餐券，怀旧经典，很容易把人拉回过去。

对吃货们而言，东郊食堂不可不进。这里以 20 世纪七八十年代的工厂食堂风格装修，吃饭要先到两个窗口统一购买“饭票”，再持“饭票”到相应的小吃店吃饭，服务员们也都穿着背带工服，努力还原着当年的气氛。

倘若你有明星梦，园区的“1899 个人电影厂”必定是你的“死穴”。在这家个人电影厂，你既可以自己当主角，也可以找电影厂的专业演员来扮演。专业的导演说戏、专业的编剧写剧本，还有成千上万套的衣服还原场景，只要将自己的故事说出来，在这里你就一定可以与别人分享自己的传奇经历。

也许在大部分人的印象中，成都更多的是茶馆，是小巷，是龙门阵，很少有时尚与青春。如今，在东郊记忆里，成都的新老元素也有了一个完美的交汇点。

区 位

四川省德阳市境内的什邡市红白镇、茂县境内的石鼓乡、南新镇之间。

推荐理由

九顶山将草地、雪山、原始森林与佛光、幻影、云海等自然景观、地貌景观、天象景观融为一体，可谓地史奇观的自然博物馆。

最美季节

6—8月，可欣赏花海星空。

极致体验

九顶山是一处新兴的徒步乐园，被驴友们称为“空中的花园”，多变的气候和崎岖的道路为这条徒步之路增添了不少惊险与刺激。

太子岭滑雪场每到冬季都会聚集不少冰雪运动爱好者，对于初学者而言，这里称得上是一处滑雪好去处。

空中花园九顶山

九顶山，有碧绿的草甸，绚烂的花海，舒解着每一颗心中的烦闷。
九顶山，有优雅的云雾，深沉的夜空，洗涤着每一个游子的灵魂。

在祖国的西南山区，总是掩藏着很多隐秘的美景，看似名气不大，却汇聚了天地山川之精华，吸收了世间万物之灵气，成了无数人追捧的新乐园，位于成都市西部不远的九顶山就是隐匿于川西的这样一处清静避世之地。

九顶山掩藏在岷山山系龙门山脉中部，距离成都市 120 公里，因为有九座山峰相连而得名。九顶山的九峰十八景集奇、险、峻于一体，每一峰都直插云霄，每一景都令人叹为观止，九峰顺次排列，状若龙脊，登上顶峰后，千里美景尽收眼底。九座山峰中的最高峰名叫狮子王峰，海拔 4989 米。远远望去，它真如一头威武的雄狮，眺望着脚下的成都平原。

九顶山的美源自她的原始、她的无瑕、她的超凡脱俗。这里地处四川盆地向西北高原的过渡地带，囊括了“从盆地到高原”的旷世美景，群山巍峨，云蒸霞蔚，森林静寂，瀑布飞流，绿草如茵，野花烂漫……各类风景既相互辉映，又自成一体，如星罗棋布一般镶嵌在九顶山的绝美画布上，登上九顶山，让人体验离天三尺三的感觉。

九顶山最吸引人的就属那里的无边花海了。从 5 月到 7 月，不同海拔高度上的数不清种类的野花依次开放，把整座山装扮成了一座绚丽多彩的天国花园。各色花儿赶趟儿似的绽放，杜鹃花、报春花、鸢尾花、紫菀花、翠雀花、马先蒿、绿绒蒿、西藏杓兰……各色娇艳的花朵，在这里互相争奇斗艳。万花之中，最美丽、最壮观的要数这里的高山杜鹃了。进入 6 月，拥有上万亩的高

九顶山开启了花海模式。

如梦似幻的海子。

山草甸与花海的九顶山开启“花海模式”，五颜六色的高山杜鹃花竞相开放，天空纯净如洗，空气清新香甜，面对这样的绝美烂漫的花海风景，让人陶醉。

再美丽的山，如果没有水的点缀便会缺少一种灵气，九顶山也一样，这里最美丽的两个海子是黑龙池和白龙池，如同两颗美丽的珍珠一般，镶嵌在九顶山这幅山水画卷之中。两潭池水都位于海拔 3000 多米以上的山岭之间，周围植被茂盛，池水清澈，水中色彩纷呈，在不同的角度和光线下色彩千变万化，尤其是早晨的湖泊尤显静谧遗世，湖面氤氲着薄薄的雾气，如梦似幻。

人们追求美的脚步从未停息，不知从何时起，九顶山这片幽静之地进入了人们的眼帘，这里独特的风光立刻吸引了无数人的目光，瞬间成了徒步爱好者的乐园。最受驴友们喜爱的是一条叫做立立爬的徒步线路，它从九顶山前山开始，如从天上垂直而下的一条线，直达顶峰，沿途视野开阔，景色秀美，成为游人追捧的经典小道，也是夏季看花海的最佳路线。走这条线的人们一般都是在鸡爪棚营地露营，第二天依次穿行黑龙池、高山杜鹃林和白龙池等美景，运气好的话，还能欣赏到美丽的日出和云海，喜爱大自然的人一定不会失望。

有人说：如果可以的话，他愿意做九顶山上一朵摇曳在风雨中的野花。确实，在这里你可以尽情地吸取天地的精华，沐浴着阳光雨露，仰看星空明月，聆听鸟语虫鸣，任由日出日落斗转星移，在季节轮回中自由自在无忧无虑地生长绽放。

游览亮点

- 万亩高山花海
- 美丽的黑龙池和白龙池
- 神奇的云海
- 太子岭滑雪场

汽笛声声越世纪

嘉阳小火车，是工业革命的遗存，
是穿越世纪的文明记忆。
嘉阳小火车，是时间遗留的化石，
是大山深处的意外惊喜。

时间回到18世纪80年代，在遥远的欧洲大地上，那个号称“日不落帝国”的英国正掀起着一场工业革命的惊涛骇浪。在这一次向文明迈进的征程中，瓦特和史蒂芬森这两个名字被推到了风口浪尖上。当瓦特改良蒸汽机并制造出万能蒸汽机时，当史蒂芬森把瓦特制造的万能蒸汽机装成火车头时，也许他们万万不会想到，这一声蒸汽火车的轰鸣会是如此悠长，悠长到在今后的岁月中，它甚至跨越了整个世界，穿越了整整一个世纪。

如今，几百年的时间过去了，当代表工业文明的蒸汽火车在突飞猛进的技术革新中纷纷淡出江湖，成为一种久远的记忆时，在古老的中华大地上，这样一辆还在正常运营的蒸汽窄轨小火车却依然在嘉阳幸福地鸣叫着。

作为工业革命的遗产，嘉阳小火车始终保持着蒸汽时代最原始的操作方式——人

区 位

乐山市犍为县嘉阳矿区。

推荐理由

嘉阳小火车是世界上唯一正常运营着的客运窄轨蒸汽火车，有“工业革命的活化石”，“工业革命的绝版景观”之美誉。

最美季节

春季油菜花开时。

极致体验

小火车途经的观光景点很多，花季时候沿途能看到大片的油菜花田。

火车行驶途中，你会发现火车会走“人字形”铁路。

在蕉坝附近的喷气表演十分精彩，小火车边鸣笛边喷气，结合远处的农家山水，场面十分震撼。

小火车途经的站点有当地美食售卖，可以顺路品尝。

嘉阳小火车，带你寻找遗落的时光之梦。

工加煤、手动驾驶、人工扳道岔、人工接钩、信号旗和口哨指挥、人工刹车制动、手摇电话联络……这些如同在老电影中才看到的画面，天天都在嘉阳矿区上演。早上 6 点从岷江河畔的石溪站出发，穿过 6 个隧道，转过 109 个弯道，爬上最陡千分之三十六的坡度，在每个小站稍事休憩后，带着一身风尘驶向终点站——黄村井。在百年的风霜雨雪中，嘉阳小火车不紧不慢、日复一日地重复着这段不长的路……

蜜蜂岩车站是小火车转弯的地方，主要是利用“人”字形掉头方式实现。因为火车在此要向反方向开，所以常常会有让游客误以为火车又开回去了的错觉。老鹰嘴是最能体现芭石铁路修建难度的路段，此段路穿山越岭，从悬崖峭壁上开出来，但是当游客看着小火车冒着浓烟从隧洞里进出，从刀劈斧削般的岩壁下喷薄而出时，那非凡的气势绝对令人震撼。然而，在整条线路中，最让人难忘的非亮水沱站点莫属。这里是唯一可以把火车和水库一起收入眼帘的地方。站在亮水沱半山坡的观景台上，看小火车从一线天形状的峡谷中穿出，跨越几十米高的堡坎，在青山绿水的映衬下美丽动人。若是碰上阳光和温度适宜的时候，游客还能看到像峨眉山金顶佛光一样的人工彩虹。

对当地人来说，小火车是嘉阳一带铁路沿线数万人的重要交通工具，所以在小火车上客货混装成了一种可能与必然。尤其是去石溪赶集的时候，沿线的村民会把采购来的生产生活资料，一起

乘车运回，因而在各个车站很容易看到带家禽赶车的情形。在车内有普通车厢和观光车厢几种不同的车厢，当地人乘坐的主要是普通车厢，这种车厢地方窄，烟尘多，摇晃严重，人也多，但是却能感受到最真实的小火车。

对嘉阳人而言，小火车是一位可靠的朋友，是一个特殊的知己，更是他们化不开的乡愁回忆。多年来，晃晃悠悠的小火车，用它那雄壮而清脆的汽笛声，将许许多多怀揣梦想的嘉阳人从简陋的工棚，从陈旧的住房，从宁静而封闭的深山中，送向远方可以实现梦想的地方。

小火车在无尽的岁月中，度过了一段又一段默默无闻却悠然自得的往昔，见证着一段又一段清贫艰辛却热情洋溢的峥嵘往事。它满载着深深的情感，与大山、与当地人、与世界结成了一种血肉相连的友谊，那是一种跨越时空的温馨幸福、一种穿越世纪的文明记忆。

↓游览亮点

- 时间缓慢的芭沟
- 矿业遗迹黄村井
- 气势非凡的老鹰嘴
- 田园特色的菜子坝

▼小火车穿山越岭，人在画中游。

行走在贡嘎仙境

贡嘎山，用郁郁葱葱的绿意，
用层层叠叠的雪峰，
诠释着何为岁月静好。
贡嘎山，用悠然自得的牛羊，
用纯净清新的空气，
解说着何为与世无争。

区 位

甘孜藏族自治州泸定、康定、九龙三县市境内。

推荐理由

贡嘎主峰周围林立着 100 多座海拔五六千米的冰峰，形成了群峰簇拥、雪山相接的雄伟景象。贡嘎主峰是四川省最高的山峰，被称为“蜀山之王”。

最美季节

10月下旬至次年 5月上旬，是贡嘎山最漂亮的时节。

极致体验

景区内有十多个高原湖泊，保持着原始、秀丽的自然风貌，令人惊艳；温泉点有数十处，适合泡汤；有贡嘎寺、塔公寺等藏传佛教寺庙，有藏族、彝族等丰富多彩的民族风情，贡嘎还是徒步、摄影、自驾的胜地……

▼ 牛背山看贡嘎日出云海。

▲ 徒步贡嘎，一次与大自然的神美亲密接触的旅程。

来到贡嘎山，人会感觉自己仿佛站在了云的上面，那是梦里都不曾见过的景象。《中国国家地理》杂志曾这样形容贡嘎：美丽得让人感觉到空气都凝固了……

2003年11月，在一个门户网站上，一系列“走向贡嘎山”的摄影作品吸引住了驴友的目光。当时，即便对于常年行走的背包客而言，贡嘎山是什么地方，几乎没人知道。但是图片中那壮美的雪山和云海却深深感染了每一个人，尤其是在那峭壁小径上背着大包的旅者，他赤裸着黝黑的胳膊，站在云海之上眺望山尖——那种来自远山的呼唤折服了每一个人，让贡嘎山成为无数驴友心中挥之不去的梦。

在当地藏民心中，贡嘎山是代表着某种精神和某种神性的“群山之王”，更是最难见其尊容的“神秘之山”。每年在前往圣城拉萨的朝圣路上，虔诚的藏民都要翻越这片连绵起伏的山脉，

用身体丈量冰雪，一起一伏，磕着长头向拉萨前进。在雪山与冰川的背影下，他们那单薄的身影，像是被镀上了一层金色的光环，明亮又刺眼。而他们手中转动了无数次的经筒，则像是老者脸上的皱纹，一圈又一圈，转动着一段宿命和流年。

对游客来说，要深刻感受贡嘎的美，徒步是最好的方式。行走，不仅仅是对自己的一种挑战，而且身心还能得到大自然最纯净的洗礼。在这一过程中，所经历的种种艰辛与美景，成功后的喜悦与自豪，没有亲身经历过的人恐怕很难体会。

在贡嘎山所有的穿越路线中，西沟原生态的日乌且沟、玉龙西沟、子梅沟、巴王沟最受青睐。这条线路有一定难度，很多国际登山队都曾饮恨而归，但却最能给穿越者带来非同一般的视觉享受，所以每年总会有无数勇士前来“大冒险”，体验“身在地狱，心在天堂”的刺激。人们常说“风光总在最险处”，当游人真正步入和云瀑一样的高度时，徒步的考验便真正来临了。此时，从山的彼端涌泻的云海，就像是冰做的水汽般寒冷异常，汲取着人身体里每一分残存的热量。很多时候，人甚至看不到 5 米之外的任何东西，只有脚下的路依稀可辨。而在这穿云的几个小时里，高原反应、寒冷、疲劳还会随时侵袭，人的意志、体力时刻经受着大自然最残酷的考验，然而，当黑暗过去，当云消雾散，贡嘎山出现在眼前时，游人所有的辛苦都会化为最心甘情愿的臣服。

要想观赏贡嘎神山的全貌，牛背山观景台不可不去。这是一处无遮挡 360° 观景台，每一个角度都能看到不同的风光。圣洁的雪山、初夏的草场、神秘莫测的佛光、辽阔的云海、飞流直下的云瀑、各色高原花卉、诡异的鲜艳花朵、独一无二的壮观日出……几乎天府之国的所有名山胜景都是牛背山精心呵护的玲珑盆景。不过，在牛背山看美景那是拼人品和运气的事，有的人只上去一次，就饱览了雪山、云海、日出几大美景，有的人上去了四五次，却总是因为天气原因看不到想看的美景。

岁月悠悠，天地苍茫，在千百年的时空中，贡嘎山一直静心守候，用广阔的胸襟与气魄，迎接着八方来客。仰望高山，世间的功名利禄、繁华喧嚣都化为尘土，飘入云烟，在这里，不仅是对生命的净化，也是对灵魂的升华。

游览亮点

- 享誉海外的贡嘎寺
- 妩媚动人的田湾河
- 风景迷人的木格措
- 水草相依的泉华滩
- 饱览全景的子梅垭口

区 位

自贡市。

最美季节

元宵节前后。

推荐理由

自贡灯会成形于明清时期，荟萃了中国灯文化的风采，赢得了“天下第一灯”的美称。

极致体验

历届灯会均组织几十组大中型组灯和数千只工艺灯参展，宏大的规模形成一片彩灯之海，场面辉煌。

除了可以欣赏彩灯之外，届时还会有各种民俗艺术表演可以欣赏。

自贡灯会享盛名

自贡彩灯，
气势磅礴、灯组奇巧、工艺精湛，
在国内外首屈一指。
自贡彩灯，
晶莹闪亮、动人神奇、灯景交融，
是自贡的亮丽名片。

在中国传统的民俗文化中，灯笼无疑最具东方文化的色彩。它既彰显了中国人对于圆满、对于红色、对于火焰的浓浓情结，又浓缩了中国人对生命的热爱、对生活的憧憬、对光明的追求。时至今日，这种古典韵味因为电的出现，改变了既定轨迹，却仍然不失为温暖悠悠岁月的独特光亮。

在全国随处可见的灯市中，“南方灯城”自贡可谓其中的佼佼者。因灯而兴盛的自贡灯会，是千百年来广布年节灯会的神州大地上一颗最为耀眼的宝石。从唐朝开始，自贡就有了新年燃灯的习俗，延至清代便有了“狮灯场市”“灯竿节”；到 20 世纪初，又逐渐形成节日的提灯会，更有放天灯、舞龙灯、戏狮灯、闹花灯等活动，最终发展为如今这处集地区民风民俗之大成的彩灯节。

每逢春节前后，五彩缤纷的南国彩灯便开始为盐都大地披上一层高雅动人的霓裳，让欢乐祥和的新年更具气氛。自贡灯会以气势壮观、规模宏大著称；以构思巧妙、制作精巧取胜；以灯景交融、层次迷离称奇。比如，用自贡灯扎制的“龙”有踏波浪之雄姿、吞云吐雾之神韵、玲珑剔透之玉骨；用废玻璃药瓶制作灯具，也是自贡灯会的首创，那拇指大小的玻璃瓶可捆制成光彩照人的孔雀、活蹦乱跳的金鹿；用蚕茧制作的蚕茧灯、用镀膜玻璃制作的玻璃灯、用细竹篾精制作的竹编灯、表现地方扎染工艺特

▼自贡彩灯节上的风光。

彩灯节上灯光与水色交相辉映。

色的扎染灯、用丝绸等制品制作的绢灯……在精巧之余，自贡的灯还具有极强的地方特色。

为了更具情景感，自贡灯会还将一个个精巧别致的工艺灯和大型灯相结合，巧妙布展于园林山水之中。水中灯、山上灯、树上“鸟”、湖中“蛙”、人物灯、动物灯、瓜果灯、戏剧脸谱走马灯、木制龙头雕刻灯……灯中有景，景中有灯，湖光山色，亭台水榭与“灯”融为一体，形成灯景交融、气势磅礴的宏大场面。

可以说，自贡灯会上的每一盏灯都凝聚着自贡人的智慧，汇聚着匠人的心血。它们融“声、光、形、色、动”于一体，汇“典雅、喜庆、吉祥”于一身，既突破了传统工艺小巧与静止的格局，又集中展示了民族特色与现代高科技手段的完美结合。

流连于自贡城区，街道两旁蓊郁的树枝上装点着无数多彩的光环；枝头上缠绕着无数传递着大吉大利的红色灯笼；灯廊灯亭中，一闪一闪的满天星彩灯与夜空里的星星交相辉映，将夜空照得通亮；灯树灯花下，魔幻般的流星雨灯组闪烁逼真，使人步入梦幻般的境界……置身其中，入耳是笙箫管弦之乐，入目是万紫千红之光，游人恍若走进海市蜃楼般的人间天堂，只想“年年当忆今宵”。

自从有了火，人类就告别了黑暗；自从有了灯，人类就告别了暗淡。自贡的彩灯，不仅点亮了城市的夜空，点燃了激情的火焰，也让这座城市变得更加温暖。

游览亮点

神奇的恐龙国家地质公园

依山傍水的自贡城区

璀璨夺目的灯会

历史悠久的荣县大佛

PART 2

都市

行走在城市中，一砖一石都能看到历史的痕迹。新旧的更替里，最能听见岁月的声音。每一座都市，因为不同的文化内涵、不同的城市精神，只要细细欣赏，你就会发现它们独一无二的灵魂。

区 位

岷江中游，四川盆地西部。

推荐理由

成都历史悠久，有“天府之国”“蜀中江南”的美称。

成都是首批国家历史文化名城，联合国教科文组织授予成都“世界美食之都”称号。

成都拥有两项世界遗产，是一座有着 3200 年的历史的“中国文化名城”。

最美季节

春秋两季，成都气温适中，气候较好，最适合游玩。

极致体验

在成都市区可以体验一下当地人的麻将、采耳以及盖碗茶和多种特色小吃，感受一下闲适生活。

在成都能吃到地道正宗的川菜，麻辣鲜香，令人回味无穷。

锦官城风采依旧

成都，宽宽窄窄，红尘之中锦里之外，
来了就不想走。
成都，平平仄仄，不着一字尽得风流，
走了还想再来。

时间，不仅仅是一个符号。它在人的身上洒下影子，便有了生老病死的命理循环；它在自然身上洒下影子，便有了春夏秋冬的四季更迭；它在城市的身上洒下影子，便有了快慢不一的发展格调。在北京，时间叫机会；在上海，时间叫流行；在广州，时间叫金钱；在西安，时间叫文化；只有在成都，时间才叫生活。

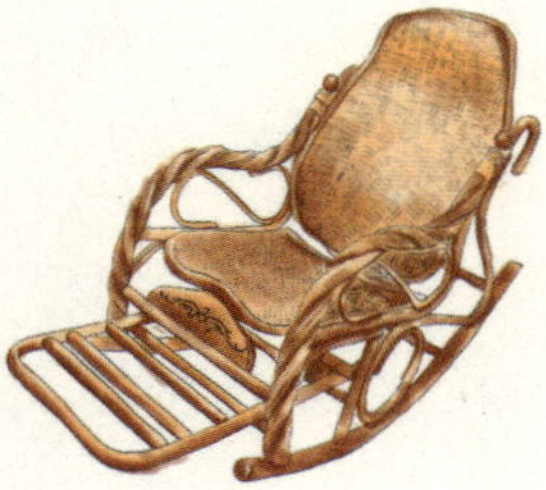

无论是本地人，还是外乡人，如果让他用一个字来形容成都，“慢”字首当其冲。在现代化潮流席卷着每一座城市的今天，这座在无尽岁月中前行了3000多年的古都，依然不紧不慢、自哼自唱着悠悠前行。没有太多的灯红酒绿，没有过分的纸醉金迷，踏踏实实的成都人更喜欢在茶馆和公园中享受巴适的人间生活。成都的人都懂得生活的乐趣，懂得生命的意义，也懂得在每天的自娱自乐中精心维护着属于他们的“天府之国”。

成都的“慢”，是杯杯盏盏的茶碗，是街巷边大大小小的茶楼，更是坐在藤椅里，捧一碗茶，看着熙来攘往的街市发呆，不以为意地将大把时光挥霍掉的男男女女、老老少少。茶馆是每一个成都人消遣和休闲的地方，任何一个角落的茶楼里，无不人声鼎沸，茶水袅袅。竹椅上一把摇扇，旁边一壶盖碗茶，成群人围坐在嘎吱作响的竹椅上，拖着长长尾音和转音的声调，热火朝天地聊着家长里短、国家大事，成都生活的画面，就在这里展现得淋漓尽致。

成都的“慢”，是林荫曲折的小路，是慵懒闲适的暖阳，更是数百人喝茶、聊天、看报、聚会、打麻将、唱歌跳舞的公园广

成都人悠闲的生活滋味，大概都在这一杯杯的盖碗茶里。

宽窄巷子里的掏耳朵，是成都古老的消遣方式，这特别的体验，绝对让你难忘。

场。在这座不大的城市中，或新或旧、或大或小的公园，散落各处，将成都的慢生活打理得更为质感。清晨，每个公园都会聚拢上百人，聊天、掏耳朵、晨练、喝茶……成都人一天的惬意巴适就从这里开始。滨江公园是成都“慢生活”的发源地和标杆性场所，特别是冬天，滨江茶园往往是一座难求，非常火爆；浣花溪公园是成都“慢生活”的主要据点，尤其是在园内增添了诗歌主题之后，水边、道旁、墙上，随处可见名家绝句，在这里，不是诗人，俯仰之间也能得到几分灵感。

成都的“慢”，是青石路，是灰砖墙，是高门楼，是卷藤老树，更是宽窄巷子里扑面而来的传统气息。宽窄巷子是老成都的缩影，是昔日金碧辉煌的“少城”遗存。有人说，如果说闲适是成都的文化，那么宽窄巷子就是它这种文化的根儿。的确，徜徉在宽窄巷子里，尽管旁边是高楼大厦，耳边是忽远忽近的车声人声，但是只要你一踏进这幽静之地，那些高楼、车流，就仿佛已经远去。在这里，踩着柔软的光阴，在缓慢的时光中感受人生的仓促，也许不经意间你就会跌进老成都某段遥远的回忆里。

成都就是这样，用岁月的火慢慢熬煮而成，让每一个亲近者都沉浸在蜀中的梦里，恣意快乐，凝心静神，而后带着饱满生动的记忆离去，化为足以滋养一生的情怀。

游览亮点

- 历史悠久的武侯祠
- 诗意典雅的杜甫草堂
- 商业老街春熙路
- 禅意缭绕的文殊院
- 悠闲惬意的宽窄巷子
- 市井古老的锦里古街

蜀道明珠绽风华

绵阳，在灵动和豪华中绿意盎然，
被誉为“蜀道明珠”。
绵阳，在精致与大气间诗意典雅，
人称是“富乐之乡”。

区 位

四川盆地西北部。

推荐理由

绵阳城有着 2200 余年悠久历史，是一座人文荟萃的城市，获得过联合国改善人居环境最佳范例奖，自古有“蜀道明珠”“富乐之乡”之美誉。

最美季节

春秋两季最佳。

极致体验

绵阳市梓潼七曲山大庙是海内外公认的文昌祖庭、中华文昌文化的发祥地，可以感受最正统的文昌文化。

这里人杰地灵，是众多知名人物的故乡，这里，不仅诞生了中国历史上最伟大的诗人李白，同时，还是人文始祖黄帝的元妃——丝绸之母嫘祖的故乡，治水英雄大禹诞生之地，走走看看一定别有感觉。

在世界地图上，北纬 30° 是一条神秘的线。在这条地理学家画出的虚拟曲线上，产生了人类最早最辉煌的上古文明，汇聚了自然界一切魔幻的力量，古埃及金字塔、古巴比伦空中花园、神秘的百慕大三角、地球上最高的山峰珠穆朗玛峰、最深的马里亚纳海沟……不管是巧合还是冥冥注定，北纬 30° 处处都令人震颤。四川绵阳，就坐落在这样神奇的地理方位上。

尽管绵阳作为四川第二大城市，排名仅在成都之后，但是多年来人们对这座城市似乎了解甚少。翻开绵阳的历史，其厚重的风华着实令人惊叹。它是我国早期人类活动的地区之一，边堆山遗址出土有 4500 年前新石器时代的石器和陶器；它是黄帝元妃——丝绸之母嫘祖的故乡，也是中华民族治水英雄及夏王朝的缔造者大禹的诞生地；它是我国中医针灸发源地之一，双包山汉墓出土的经脉漆木俑是现今发现的世界最早的人体经脉模型……

游览亮点

山清水秀的富乐山

神秘壮观的佛爷洞

峭壁危耸的罗浮山羌王城

佳木林立的三台杜甫草堂

几千年来，深藏不露的绵阳就这样低调地走过了风风雨雨。

走进绵阳，就是走进一座诗意的城市。

城市人居环境的诗意，在于其因地制宜，在于其精细巧妙，更在于其丰富自然。那一座座雕塑、一处处树景、一盏盏花灯，在自然与人文的和谐统一中，将建设者至高境界展现得淋漓尽致。行走在绵阳大街小巷，游客除了看到与其他城市别无二致的钢筋水泥外，还能感受到这个城市拥有的“灵魂”诗意。

走进绵阳，就是走进一座科技的城市。

因为身处秦巴山地向成都平原的过渡地带，绵阳这座城市更兼具了雄强厚重与平和豁达的双重性格。作为中国唯一的科技城、“两弹一星”的诞生地，随着“科技兴国”进军号角的吹起，中国科技城响亮的名号，就成了现代绵阳未来宏图的最佳定义。遥想当年，就在梓潼长卿山下，邓稼先等科技栋梁开启了中华民族勇攀高峰的空前壮举。一直到今天，这段珍贵的历史依然是激励绵阳人奋发图强的精神动力。

▼绵阳市，城市繁华又不失历史文化的底蕴。

▲ 绵阳富乐山公园的清雅水景，有着沁人心脾的风韵。

走进绵阳，也是走进了一座新生的城市。

2008 年，5 月 12 日 14 时 28 分 04 秒，四川省阿坝藏族羌族自治州汶川县发生里氏 8.0 级地震，这场特大地震使临近的绵阳成为重灾区之一。地震，除了带来巨大创伤，也激活了绵阳人血脉中的那份刚强与自立。之后，无数的绵阳子弟与援建战友并肩战斗，这股开拓奋进、自强不屈的精神深深刻入城市的记忆中，成为这座城市新的文化内涵。如今，经过浴火重生的绵阳，早已彻底告别地震伤痛，取而代之的是热闹非凡的巴拿恰商业街、装饰一新的羌族房屋碉楼，以及人们脸上朝气蓬勃的笑容。

绵阳文化成就了绵阳精神，铸就了绵阳发展之魂。无论昨日辉煌、灿烂，还是痛苦、衰败，绵阳感怀不息的城市精神都会长久地留存下去，这种文化自觉，是绵阳人精神的成长和品格再造，有着超越时空的张力。

区 位

四川省南部。

推荐理由

宜宾市是长江上游开发最早、历史最悠久的城市之一，是万里长江第一城，中国酒都。宜宾山川壮丽，风光秀美，先后有杜甫、岑参、刘兼、苏轼、苏辙、黄庭坚、陆游等来此居停，留下了无数瑰丽诗文。

最美季节

春夏或夏秋交际之时，降水较多，气候舒适。

极致体验

宜宾是中国酿酒最为发达的城市，五粮液即产于此，可以品尝一番。

宜宾是一个以绿色竹子环绕起来的城市，因《卧虎藏龙》而名扬天下的蜀南竹海则是宜宾“竹之美景”的代表，前往游览一定能够尽兴而归。

酒都宜宾酒香浓

宜宾，因江而生，
每一滴江水都是穿越千年的辉煌。
宜宾，因酒而名，
每一座酒坊都是馥郁芳香的见证。

▲五粮液是宜宾最亮丽的标签。

“人生得意须尽欢，莫使金樽空对月”，在诗仙李白眼中，酒是一种豪气干云的英雄情怀；“劝君更尽一杯酒，西出阳关无故人”，在诗人王维眼中，酒是对友人无法释怀的离情与关切；“明月几时有，把酒问青天”，在词人苏轼眼中，酒是一种乐观旷达的人生态度……

纵观中华五千年的历史发展，酒无疑是一门大学问。它事关古今男女老少的所有情绪。含蓄的国人总喜欢把一切喜怒哀乐融进这杯杯盏盏中，而后在觥筹交错间、于半醉半醒中将中庸人生的姿态发挥至极致。

然而，这种“酒的姿态”到了宜宾，绝非仅仅只是一种情绪的释放，而是一条城市灵魂的血脉，流淌千年，传承古今，最终成为这座城市最和谐的标志。

作为长江上游最古老的城市之一，宜宾的建城史已有 2780 多年，但令人诧异的是它酿酒的历史却有3000多年。南亚热带到暖湿带的立体气候，山水交错的自然环境，常年温差和昼夜温差小的气温条件，加之水稻土、新积土、紫色土等六大类优质土壤的生态环境，使得宜宾无论从历史、文化还是地理上，都成了中国不可复制的白酒之都。

中国酒都宜宾，滔滔的三江水荡漾着酒香，煌煌历史的巨卷浸透着佳酿。据历史记载，宜宾自古因各民族杂居，出现了不同特色的陈年佳酿：先秦僚人酿清酒，秦汉僰人制蒟酱，三国苗人出果酒，南北朝彝人煮咂酒……之后，宜宾这坛千年沉醉、百世余香的美酒，经过世代各族的虔诚奉养，最终酝酿出了闻名古今、享誉中外的五粮琼浆。“香气悠久，滋味醇厚，进口甘美，入喉净爽，各味谐调，恰到好处”，这是五粮液的独特风格，也是每个爱酒人士毕生追求的酒之境界。

走进中国酒都宜宾，处处可见“酒”的踪影。

在内宜高速出口处，一座以战国时代出土的青铜酒樽为范本、高9.9米的古色古香的酒鼎巍然伫立，让每一个欲踏进宜宾的宾客还未进入，就已嗅到浓浓的酒香。从空中俯瞰宜宾，立在五粮液酒厂一侧山巅的巨型酒瓶很快映入游人眼帘。这个总高74.3米的高大酒瓶是这片土地上最耀眼的地标，是这个城市最经典的合影留念地。这是好客的宜宾人敬给来宾的第一杯酒。之后，在走遍宜宾的山山水水后，游客就会发现，宜宾县县有特色，处处飘酒香。

在宜宾，别具一格的酒都风情在骨头里生根发芽，伴随着悠悠的岷江水，日夜流淌，浇筑在每颗幸福的心间。

在三江六岸的江堤城墙上，一座座大型酒文化浮雕，用生动的图案再现着宜宾酒文化的风采，置身其中，人恍惚间穿越了时空的隧道，捡拾了岁月的珍贝。深入城区的冠英街、栈房街，抑或古戎州的大街小巷，招展的酒旗上带着浓郁的酒香四散开来，不远处几个彪悍的船夫带着一身疲惫，和着收获的喜悦，以门槛为座，以地板为桌，点上几盘老肉，来上一坛老酒，一饮而尽，仿佛忘却了天地烦忧，抛却了世俗尘扰。若是幸运，还可以赶上一场精彩绝伦的“酒圣节”盛会，那时宜宾“酒文化”的韵味一定能让你欣赏个够。

游览亮点

特立独行的僰人悬棺

风光旖旎的越溪河

葱茏蓊郁的云台山

古迹繁多的夕佳山

▼宜宾白酒，远近闻名的佳酿。

月光下的小春城

西昌，历史悠久，四季如春，
是一座春天栖息的城市。
西昌，彝人聚集，山环水绕，
是一座月亮亲近的城市。

在中国偌大的地图上，西昌就似一粒小小的黑芝麻遗落在西南的群山之中。正是在这些不为外界所知的深山沟里，西昌卫星发射中心的航天人创造出一个又一个惊天动地的航天奇迹：1984 年 4 月 8 日，西昌卫星发射中心将我国第一颗试验通信卫星送入太空，开启了中国卫星通信的辉煌；2000 年 10 月 31 日，中心发射我国首颗北斗导航卫星，为我国建设全球性卫星导航系统迈出了坚实步伐；2007 年 10 月 24 日，中心发射中国第一颗绕月探测卫星——嫦娥一号，实现了中华民族的千年奔月梦想……

区 位

四川省西南部凉山彝族自治州首府。

推荐理由

西昌以秀美的自然风光、迷人的民族风情和现代化的航天观光而著称，是四川西南部一颗夺目的明珠。

最美季节

春夏秋三季皆佳。

极致体验

这里地处低纬度、高海拔，污染少，空气能见度高，气候喜人。

每年农历 6 月 24 日，西昌的彝族群众都会举办热闹的火把节，热闹非凡。

▲ 西昌卫星发射中心，见证了新中国航天事业的光辉历史。

穿行在西昌，你会发现，几乎各行各业都有用与“航天”有关的词来作为店名。“航天宾馆”“航天茶楼”“天骄宾馆”“航天烟行”“西航酒店”“飞天网吧”……因为拥有高耸的卫星发射塔，西昌给人的印象便多了几分“硬气”。

然而，实际上西昌还有着“月亮之城”这样温婉的名字。由于地处低纬度、高海拔区域，西昌污染少、空气能见度高，一年四季都是蓝天白云。白天的西昌，烈日炎炎，晚上则是皓月当空，成为一大风景。每到入夜，当明亮柔和的月光照耀着大地，当一轮明月像玉盘似的挂在天上，又大又圆，仿佛可以见到月亮上的桂树和玉兔，刹那间，那倾泻而出的清凉与祥和光芒，如同洗尽铅华，令整个天宇都变得清澈透明起来。

源于此，西昌人对月亮情有独钟，尤其是彝族儿女。由于西昌是凉山彝族自治州的州府，走在街上，时不时有身着传统服饰的彝族同胞与你擦肩而过。彝族男子大都头缠“英雄结”，披着“察尔瓦”或者披毡，侠气十足；彝族姑娘们则把月亮绣在裙子上，佩戴在胸前。他们在节日的盛典里，在日常的休闲中，唱着传承千古的月亮歌谣，在月光下翩翩起舞，就连夜光杯的酒里也荡漾着月光。据他们的祖辈说，彝族人是月神的儿女，在月光沐浴下成长，所以有着月亮一样动人的容颜和月辉一样柔美的舞姿。

西昌被称为“中国最美的十大古城”之一，至今已走过 2000 多年的风雨。

在整个城区中，最能代表它古老的建筑是四个城门洞范围内的区域，其中心是四牌楼。大通门是其中保存最好的一座城门，是古代时西昌与外界联系最主要的通道，高大雄伟，厚实坚固。北门是一座不大的城门，城楼早已毁损，墙砖风蚀严重，拱形门洞的内壁有不少墙砖已经严重剥落，如同一位步履蹒跚、历经沧桑的老人。东门叫安定门，情形与北门相像，但有两道城门，比北门保存得略好一点。西门在早年城市改造中就已经被拆除，没有留下一丝痕迹，只是从下面的街道那个名西门坡的称呼中，还能知道它曾经的存在和大致的方位。

在近代的多个历史节点上，西昌也有过许多耐人寻味的故事。

抗日战争时期，西南四省成了大后方。西昌因为地理位置的优越，成为当时理想的避难场所。因此，国民政府迁都重庆后，就将西昌选为了预备行都。

千年斗转的时光，即便随着历史的尘埃散去，随着过往的荣耀成为往昔，西昌依然可以让你感觉到浓浓的温情，这种温情在背着小背篓上集市的身影中，在街边喝茶晒太阳的老人脸上，在商场里时髦的小姑娘身上，在彝族姑娘高亢的歌声中，在天边阴晴圆缺的月光中，更在每一个游人柔软的内心里。

游览亮点

奇峰如林的螺髻山

历史悠久的大通门

秀美多姿的邛海

古老悠久的建昌古城

西昌古城见证着至今走过的 2000 多年风雨历程。

区 位

甘孜藏族自治州首府。

推荐理由

康定具有悠久灿烂的历史文化，既是情歌的故乡，又是茶马互市的重镇，锅庄文化的发祥地。古城三山环抱，二水夹流，折多河贯穿城中，富有民族风格的各式建筑错落有致地散布于河两岸。

最美季节

7月、8月，天气最好，没有酷暑，蓝天白云。

极致体验

农历四月初八浴佛节特别隆重，这一天是康定人民的“转山会”“春游日”。农历十月二十五日安觉寺举行佛灯节。

康定机场是世界海拔第三高机场，每天有定期往返成都、重庆等地的航班。

一曲情歌醉天下

康定，是一方多情的天地，
山含情，水唱歌。
康定，是一颗璀璨的明珠，
人妖娆，物婀娜。

那是很久以前，一阵滚滚沙尘扬起在一片广阔的草原上，远处一群身着裘皮的吐蕃人唱着古老的藏歌，风尘仆仆地赶着良马而来，他们是要将马匹带到雅州府、芦山郡，或者碉门、荥经，在那里换取汉区的边茶。一路的劳累奔波，疲倦挂在每个人脸上，他们太累了，所以在翻过最后一座大雪山，看到雪山脚下一块两江相汇的草滩时，他们决定好好休息一下，谁曾想，这“一下”竟然会是“永远”。不过，也庆幸有这些开千古蒙昧的先驱者，因为他们，川西便多了这颗璀璨的明珠——康定。

提起康定，就会想到质朴热情的“李家大姐”，就会想到康巴汉子的豪迈威武。几十年来，只要《康定情歌》的曲调一起，老老少少都会很自然地跟着哼唱起来，“跑马溜溜的山上，一朵溜溜的云哟……李家溜溜的大姐，人才溜溜的好，张家溜溜的大哥，看上溜溜的她哟……”歌曲中，那悠扬的曲调、质朴的歌词、美妙的爱情深深打动着每一个人，也使康定理所当然地成为一个为“情”而生、为“歌”而狂的魅力小城。

丽日晴天，情歌悠扬，那是一缕光芒四射的阳光带着我们跑向康定白雪皑皑的山上。它们圣洁而美丽，震动着每一位游人的心魄。跑马山是这首情歌的主角之一，与康定城相偎相依，难舍难离。从康定城看跑马山，景点林立，令人心驰神往；而从跑马山看康定城，整个城市尽在眼前，壮观夺目。穿过飞云走廊，欢

▼ 新都桥摄影天堂，是康定地区不容错过的风光美地。

折多河畔的康定新城，是城市与自然的完美结合。

快的乐曲奏响在跑马坪上。丛山之中，山巅一块天然的平地是当地人赛马的地方。每年农历五月十三日，各路赛马人汇集到跑马坪上。在这样一方小小的舞台上，藏族儿女迸射出沉积已久的生命力量。

天朗气清，情歌嘹亮，那是一串串色彩斑斓的经幡带着我们在大地与苍穹之间飘扬摇曳，构成了一种连地接天的境界。在康定，经幡随处可见，那一条条一尺见方的彩旗悬挂在高山，在峡谷，在河流，在湖泊，在寺院，甚至在村头每一处。日复一日，年复一年，风在四周乱转，经幡快乐地跟着吟唱，替它们热爱的藏族人念着经，一遍又一遍。站在这些舞动的经幡下，即便不是宗教信徒，心中也会莫名地涌起一种感动，也许此刻你也愿意虔诚地相信，这方小小的布条真的可以连接人与神，给善良人以祝福，给邪恶人以震慑，给痛苦人以关怀，给孤独人以慰藉吧！

夕阳西下，情歌温柔，那是一弯亮晶晶的弦月带着我们飞向夜晚的康定城，在霓虹闪烁的街头感受小城的浪漫与多情。

在这里，快乐可以很简单，可以很纯粹。劳作一天的人们，每到晚上就会不约而同来到彩虹桥畔的广场，男男女女、老老少少和着欢快的音乐，手拉手跳起热闹的锅庄舞，不管是否认识，不管是本地人还是外乡人，一曲舞蹈，一次偶然的邂逅，一段“梦里不知身是客”的畅快淋漓……在林中路穿行，在落叶中迷离，在歌声中甜蜜，在雪山中留恋……

康定，以浪花为情，用白云当歌，情歌一曲，醉了天下人。

游览亮点

闻名四海的跑马山

风景秀丽的木格措

独具特效的药池沸泉

光影错落的新都桥

区 位

四川盆地东北部，嘉陵江中游，秦巴山南麓。

推荐理由

阆中 2000 多年来一直都是巴蜀要冲、军事重镇，有“阆苑仙境”“阆中天下稀”之美誉，是中国优秀旅游城市、世界千年古县、中国春节文化之乡。

最美季节

春秋两季。

极致体验

有全国最大、保存最完整的四川清代贡院；有被誉为“阆苑第一楼”的华光楼。古城内每天有“张飞巡游”“秀才赶考”“川北婚俗”表演，很有特色。

阆中古城传千年

阆中，拥有历史，拥有故事，
拥有淡雅的风华。
阆中，没有前因，无关风月，
只图内心的圆满。

每一座古城，都是一曲传承千年的古唱，在岁月的长河中日夜奔流，背负着数不清的伤痕与沧桑从历史的地平线尽头蹒跚而来。水浪的拍打淘尽了古城的秦关汉月、元曲清赋，淘尽了人世恩怨和生活的酸辛苦涩，却淘不尽古城的山光水潋，淘不尽寻常百姓的哀乐日常，更淘不尽春夏秋冬的岁月轮回。走进阆中，犹如翻开一部大百科全书的通史卷，它的平凡，它的艰辛，它的厚实，它的变迁，它的宁静，它的温情……无不让人手不释卷、顾盼流连，从此忘记山高水长、地老天荒。

不同于江南水乡人家的柔情婉约，阆中古城的气质更多了几分大气端庄。在这样一处嘉陵江畔的阆苑仙境中，凹凸的青石板路、中国标志性的四合院瓦房，山水的写意，比别处更占据着人气和优势。古城的大街弯弯曲曲，纵横勾连，肥瘦不一，长短各异，仿如一行行错落有致的现代诗词，婉约而细腻。那一条条古街、一座座古院、一棵棵古树、一排排古屋，繁复中有别致，玲珑中显精巧。式样不一的木门，风情各异的木窗，情致不同的

▼ 嘉陵江围绕着这片俊秀土地，平添了几分古雅。

红砖黑瓦，在古城，每一步都是一道风景，每一道风景都是一种心情。

都说阆中是时光静守的沃土。这里的慢节奏是连风、连空气都带着一丝温柔的。街道上偶尔有掉下的片片落叶，有的平静躺在青石板地上，有的卷成青黄色相间的筒状，等待微风来吹响。风真来了，那些枯叶便随之上下翻飞，此时的阆中，如同一幅淡墨写意图，宁静而典雅。在街道尽头，两株硕大的黄葛树在街边伸出一片巨大的绿荫，树下的青石板上长满了青苔，旁边是两位躺在竹椅上的老人。叶缝间漏下点点光斑，照在老人沧桑的脸上，他们手摇蒲扇，眯缝着眼睛，惬意安详，任光线一寸寸挪移，此时你会明白时光的游走和停滞。

因为是历史古城的缘故，阆中关于三国时期大名鼎鼎的勇猛大将张飞，关于滕王阁、锦屏山、明代白塔的痕迹很多。这里几乎家家门前都悬挂有一面红黄色的旗幡，以及红色的灯笼，有的上书“木艺馆”，有的上书“张飞牛肉”，有的上书“杜家客栈”，还有的上书“纯手工布鞋”等，种种与现代精致广告牌不同的情趣，抛却了都市生活中高大挺拔的钢筋水泥楼，仿佛让人穿越到了明清时代，填补了精神空虚与浮躁，找到了心安之所在。

叩开古街巷那一扇扇厚重的双扉兽环木门，无论是张家大院，还是马家大院，抑或蒲家大院，甚至孔家大院，那恬淡雅静的亭台楼阁，那一窗疏影映出的几枝素竹，那几峰假山衬出的一壁浮雕，那砌工精湛的花台，那葱茏蓊郁的古树名木，那游玩嬉戏的鱼儿，处处都组成了声色俱佳、动静和谐的立体图画。在这样的人居环境里，世代的阆中人都尽情享受着一份生活的恬美和艺术文化的滋养。夜晚来临，嘉陵江边的夜茶，在午夜之后更加兴旺。那一段段说不尽的痴心故事，在这座古城时刻发生。

阆中，恰似一位风姿绰约的美人，莞尔一笑，带着丝丝缕缕的牵绊，从古代一路走到现在。

千年的时光，斗转星移，嘉陵江水在阆中舒缓流淌，时间凝固于此，似一根金黄的飘带，系在古城柔柔的细腰上。提着昨天的种种，带着未来的期许，古城在清风里四处飘散，不留痕迹，让每一个亲近者都倾倒在它的云淡风轻中……

▲ 阆中古城古意盎然的街道。

游览亮点

- 古色古香的滕王阁
- 宏伟壮观的华光楼
- 风景优美的锦屏山
- 构造精巧的张飞庙

PART 3

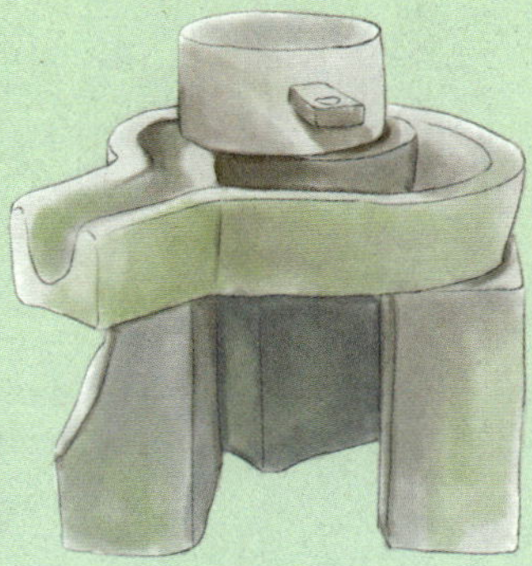

问俗

在四川旅游，离不开魂牵梦绕的古镇、古寨。那些散落在深山中的古老村寨，是散落巴山蜀水间的珍宝，它们的建筑艺术、历史文化、民俗风情无不深深地吸引着每一个寻梦的游人。

走进这些风景民俗，就是走进一段镌刻在岁月里的厚重历史。

黄龙溪水绕人家

黄龙溪，千年水运古码头，
历史烟云，王气尽收。
黄龙溪，桨声灯影夜不休，
渔樵人家，千人揖手。

黄龙溪，水畔优雅出尘的古镇。

区 位

成都市双流区黄龙溪镇。

推荐理由

山清水秀，历史厚重，古朴又新奇。

最美季节

一年四季都适合旅游，随时都能感受古朴宁静的气息。

极致体验

黄龙溪民俗风情浓郁，每年正月初二至十五举行“烧火龙”活动。

游玩黄龙溪古镇，可以从成都当日往返，也可以在镇上住宿一晚，古镇入口处的新镇有很多住宿点。

“枯藤老树昏鸦，小桥流水人家，古道西风瘦马，夕阳西下，断肠人在天涯。”这首仅仅 28 个字的元曲，之所以千古流传、撩人心弦，就是因为它饱含着一种浓稠得化不开的孤独和寂寞。古镇给人的感觉便是如此，很多人喜欢古镇，就是在意它的冷寂与沧桑。黄龙溪便是如此，残败的街道、斑驳的泥墙、夜半的更声，是黄龙溪跳不出的颓废气息。

古街道、古树、古寺庙、古牌坊、古佛洞、古渡口、古崖墓、古民俗、古战场遗址、古衙门……黄龙溪的一切似乎都与“古”字相连，游走在这样一个“夜闻更声晨沐雾，飞檐翘角旧时屋”的小镇，人很容易忘记时间，忘记空间，忘记你已经经历的、正在经历的和即将经历的一切……

黄龙溪的古老上溯至何朝何代，当地人也大都说不明白。

翻开历史，才知道这座小镇隐藏颇深。2000 多年前，古蜀先民在此繁衍生息，汉代古墓群留下了先辈的足迹；三国时期，蜀汉政权在此萌芽催生，诸葛亮南征在此屯兵牧马；唐宋时期，这

↓游览亮点

千年历史的水码头

沧桑落寞的古戏台

繁复幽深的唐家大院

古意盎然的古龙寺

迂回曲折的青石道

里的黄金水道成了南方丝绸之路的集散地，“门泊东吴万里船”是唐代大诗人杜甫对它的赞誉……在年轮的浮华沧桑中，黄龙溪挥笔书写着自己悠久的历史，厚重而沉稳。

镇江寺、潮音寺、古龙寺，这三座隐伏在黄龙溪古镇古街老巷中的寺庙，代表着镇上民众的精神所系。寺古藏仙气，这些有着特别信仰力量的建筑，在与各处民居完美的融合中，赋予了宗教文化更神奇的色彩，形成了一种独特的聚落文化景观。

最令人感慨的是古龙寺中的三古佳景——古榕树、古衙门、古戏台。在这里，两棵千年榕树，古老苍劲，盘根错节，形成了庙中有树、树中有庙，庙撑树、树裹庙的天然奇观；“黄龙钻山伸出龙爪抱鸡翅，白马临江勒转码头望虎崖”，简练的语句却概括出古衙门所融通的村村寨寨；还有那座古戏台，600 多年的时间里上演了无数人间悲喜，而后香消梦断，徒留它，依然高高地、落寞地立在这里，淡看人生，静守岁月。

时光斗转，很多古镇在现代化的侵蚀中渐渐地迷失了自己，再也找不到曾经的影子。庆幸黄龙溪不是，这里至今仍保留着不少传统习俗与节日。这些节日在无意间与古镇承载的文化历史和人文沉淀相融合，在岁月流逝中愈发清晰、深刻。

正月的火龙节，农历四月初八的放生会，五月端阳的赛龙舟，秋后庆丰收的百合会……每一个节日都是民众纵情狂欢的盛会。届时，跳龙灯狮舞、耍把戏、做糖画捏面人，各路民间手艺人都会在此一露绝技。古老的建筑斑驳着如梦岁月，古老的街道深藏着如烟往事。

走在黄龙溪青石铺成的老街上，街景漂亮而干净，晴不扬尘，雨不积水。这落落大方的气质，就像这里的人一样，以淡定祥和的心态固守着一切，享受着每一个平凡而幸福的日子。他们用美丽的花环装点游人的心情，用纯真简单的笑容表达真挚的问候，将那些逝去的光阴变成一种别样的情怀，给人留下深深浅浅的印记。

古老的黄龙溪，将岁月洇染成一幅泼墨画卷，在暗香浮动的黄昏，在万籁俱寂的静夜，在每一个游子的梦中，顺着老街延伸，顺着河水流淌。

福宝古镇隐青山

福宝古镇，饱含山庄之雄奇，
迂回交错，让人萌生旷古幽情。
福宝古镇，洋溢水乡之旖旎，
磅礴如画，使人顿生返朴遐思。

▲ 安恬静雅的福宝古镇风光，惹人沉醉。

区 位

泸州市合江县福宝镇。

推荐理由

福宝古镇历史悠久、文化蕴涵深厚，是四川著名历史文化古镇。

最美季节

四季皆可。

极致体验

福宝古镇民间艺术种类繁多，如演灯戏、对山歌、打连枪、耍花灯、舞狮子等。

随着时光的流逝，许多古镇逐渐被世俗同化。但是，也有些古镇“骨头很硬”，任凭世俗浪潮再如何侵袭，依然“不为五斗米折腰”。福宝古镇便是如此。

出生于元末明初的福宝古镇，有着与蜀地古镇异曲同工的外表：一条狭窄的老街，整齐划一的条石铺就的街面，两旁是一座座典型的明清风格的川南民居——木柱、木墙、木门板、木门槛……只是，就在这相似的皮囊下，福宝古镇却有过不一般的心路历程。明末清初的福宝，是大漕河流域政治、经济、文化的交流中心，史书记载这一时期的它“已积众数百家，成为巨镇”。也许是“天妒红颜”，显赫一时的福宝在明末的一场大火中毁于一旦，整个古镇中的木楼土屋几乎荡然无存。然而，坚强的古镇没有被击垮，它远远地从历史中走来，也将走向远远的未来。

就像古镇多年来的淡定与从容一样，古镇老街上那历经百年磨难的青石板面也在昭示着自己不绝的生命气息。这些硬朗的条石，一块接着一块，曲折却坚定地爬坡上坎，然后悄无声息地消失在深深的小巷中。也就在这一道道宽宽窄窄、起起落落的石阶间，人恍若穿越了百年时光，走进了古镇久远的故事里。

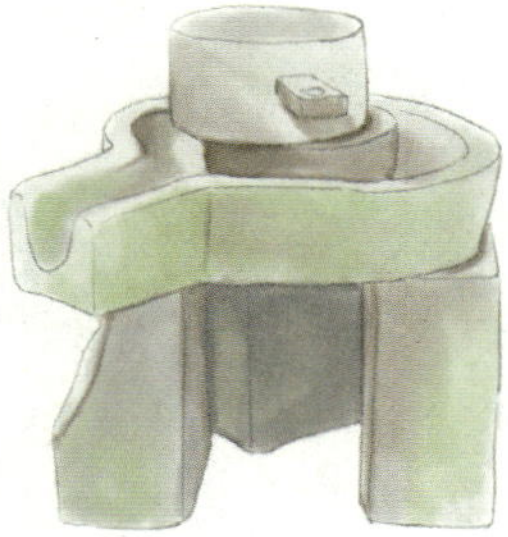

从老街望去，不远处一抹斜而远去的山脊，时时透出绿意，那便是观赏全镇的最佳位置。站在山上回望古镇，眼前的光景化为一片层层叠叠的悬山屋顶，如同一群展开“人”字形双翼的大鹏，正凌空而起。傍晚时分，古镇中升起缕缕炊烟，淡淡地飘荡在这片白墙黑瓦上，衬着夕阳余晖洒下的一层金黄，看着街道上三三两两静静行走的居民，福宝古镇那种古朴典雅、天人合一的独特韵味立时跃然眼前，一幅静谧飘逸的山村画也由此定格在每个游客心里。

“一方水土养一方人”。与古老的小镇气质相符的还有古镇的居民。在树荫下纳凉的老人，在门前绣花的妇女，在大树下打麻将的男人，在板凳上做作业的孩子，在街上散步的游人……这些在都市中早已消失的慢镜头，是福宝古镇每天的生活日常，而在这一幕幕放慢时光的影子中，真正的生活便被沉淀下来。对于外来者的“贸然入侵”，淳朴的山里人也向来表现得毫不在意。他们甚至很乐意满足远方来客猎奇、探幽的欲望。所以在福宝古镇，无论游人跨入谁家院，踏进哪家门，都可以受到热情招待，随意参观。

举凡来过福宝的人无不由衷地夸赞，称其为“四川最美的古镇”“中国山地建筑精华”“四川民居代表”……也曾经有多部电影、电视剧导演相中古镇作为外景地，但是它并没有“一举成名天下知”，也庆幸这份“无人识”，才使得福宝古镇这块福田宝地依然能保持着最初的美丽。

游览亮点

- 青石铺就的回龙桥
- 保存完整的回龙古街
- 布局完好的三宫八庙
- 古朴幽雅的惜字亭

桃坪孤城万仞山

桃坪羌寨，傍山而住，择水而居，是冰雪滋养的古寨。
桃坪羌寨，屋屋相连，道道相通，是神秘的东方古堡。

区 位

阿坝藏族羌族自治州理县桃坪乡。

推荐理由

羌寨布局严密，是世界上保存最为完整的羌族建筑文化艺术活化石。

最美季节

春夏最佳。

极致体验

羌寨内部建有地道，彼此相连可四通八达，将整个寨子连为一体。

可参加篝火晚会，观赏羌族歌舞。

“黄河远上白云间，一片孤城万仞山。羌笛何须怨杨柳，春风不度玉门关。”盛唐诗人王之涣的这首《凉州词》被近代国学大师章太炎推为“绝句之最”。诵吟词句，人的眼前便会浮现出那幅苍凉雄劲的画面：在漠风凌厉的辽阔沙丘上，面对着雄浑如血的夕阳，羌族男子双手紧握竹笛，倾尽胸腔里所有的力道，尽情吹奏出一阵惊天裂地的长啸。

然而，令人意想不到的是，羌族实际上是一个古老的民族，他们的历史并不比汉族短。迄今为止，中国境内发现的最古老而又比较成熟的文字便是3000多年前殷商时代通用的甲骨文。而在甲骨文中，“羌”却是中国人类族号最早的记载。

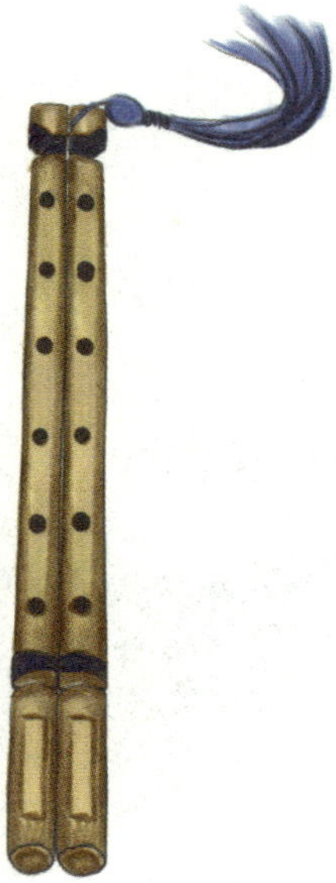

桃坪羌寨就属于羌族的一支。历史从尘土中跃起，从一阵风中掠过，就成了一片泛黄的叶子。时至今日，这个用石块和泥土垒砌的寨子，已在慢悠悠的时空中晃过千年。

桃坪羌寨有最典型的羌族建筑。走进古寨，人便会不知不觉地迷失在这处“神秘的东方古堡”中。那些有着上千年历史，参差交错、古朴神秘的羌族古民居，远远望去，顺着陡峭的山势逐次上升，或高或低，深深浅浅，形成虎踞之势。整个寨子背靠陡峭高山面河而立，房屋紧密相连，家与家之间的路就成了曲折回环的弯弯巷道，长短不一，明

游览亮点

曲折迂回的明巷子

壮观奇特的石雕房

古老巧妙的杨家宅

淙淙流淌的溪流

暗各异，石梯、石板铺陈道中，气势非凡，格局清晰。

泥石建筑是寨子中最著名的建筑，除去“奇妙”二字外，没有任何其他的词语可以形容。千百年来，勤劳聪颖的羌族人就在无砖无瓦的情况下，把一块又一块毫无生气、有棱有角的石头修筑成高耸的碉楼和整体坚固的房屋，而且他们不绘图、不吊墨、不画线，全用眼力砌石垒木，工艺精湛，构思独特。而在每一处民居与民居的墙体间，还形成了一条条深幽神秘的巷道，有些居民又在巷道上搭建了房屋，于是古寨中便有了无数暗道，曲曲折折，环环绕绕，对方向感差的人来说，走入其中如同步入了一座迷宫。

碉楼是寨中最具特色的建筑，座座古碉屹立于比肩走袂的村寨中，高高低低，雄浑挺拔，像是直插云霄的宝剑，给人巨大的视觉冲击。站在 9 层 30 米高的羌碉顶楼的平台上，极目远眺，全寨尽收眼底。目前寨子中最具代表性的主要有两座碉楼，一座是陈仕明家的住宅，一座是雄踞在寨子对面河岸上的巨大碉楼。当时，因为军事需要，为了便于射击，高大的碉楼在每层的四面都有窗口，顶楼还设有钟孔，其功能与烽火台有异曲同工之妙，可以在需要时传递消息。

除了神奇的地面建筑，桃坪羌寨的地下还有众多引水暗渠，上面盖有石板，隔一定距离，便留有活动石板，揭开即可取水。这些水渠方便、保密，在寨内编织成流经每栋碉楼的水网，为战时提供了巨大的生存空间和消防灭火的水源。

“祭山会”（又称转山会）和“羌年会”（又称羌历年）是羌族最隆重的民族节日，分别于春秋季举行。它们实际上是一种春祷秋酬的农事活动，不仅充满着浓郁的宗教色彩，更折射出远古神秘文化的光辉。若是想要感受羌族人最纯粹的热情与民俗，不妨在此期间前来。

▼羌寨中生活的一角。

当夜幕降临，篝火熊熊，一年又一年，一代又一代，羌族人围着咂酒，唱着淳朴厚重的民歌，跳着莎朗舞，吹着羌笛，讲着关于开天辟地的神话，日子过得自然而安静。梦里梦外，一个民族的印记，从清冷的风中透出，在千年古堡的窗棂上，一边享受月光一边为黑夜歌唱。

中国彝家第一村

迤沙拉彝寨，如同一本书，古朴、厚重，
藏在大山深处不为世人所知。
迤沙拉彝寨，仿佛一首歌，婉转、细腻，
在大自然的怀抱中流传千年。

区 位

攀枝花市仁和区平地镇迤沙拉俚濮彝族村。

推荐理由

拥有独具特色、蜚声中外的俚濮民俗文化、建筑文化、谈经古乐。

最美季节

5月份和9月份，可以欣赏到最美的向日葵花海。

极致体验

这里建筑物多江南水乡特色，房屋户型一般以小四合院为主，古色古香。

在迤沙拉村可以欣赏非物质文化遗产——谈经古乐。

相传很久很久以前，迤沙拉还是西南古道上的一个驿站，当地老百姓将其称为“万户毗馆”。

明朝时，朱元璋派遣义子沐英率领30万兵马出兵云南，在得知这里人烟稀少，地处偏野后，便将大军就地落籍。这些军人主要以南京人为主，大多正值青春年少。经过几年征战断杀，年轻的士兵们终于消灭了元朝在云南的残余势力，但是因为当时交通不便，他们回乡的路途坎坷遥远。于是朝廷便颁发了一道彝汉通婚的政令，就这样这些士兵娶了当地的彝族姑娘，在此安顿下来，“万户毗馆”也由此成了一个小小的村寨。

留下来的士兵每到夜晚，因为思乡无法入睡，常常坐在月光下跟着几个老兵学习弹唱。他们一边歌唱，一边情不自禁地流泪。善解人意的彝族姑娘见到夫君伤心，也忍不住跟着流泪。尤其是每年中秋，几十人、上百人一起流泪，一起唱歌，思乡的泪水伴着悠扬的琴声、风声、雨声顺着泥土浸入地下。这如泣如诉的旋律里，缠绕着迤沙拉被彝化的汉族人，一代又一代对秦淮文化的苦苦追忆。久而久之，这种山歌小调、谈经古乐、踏歌踢脚声便成为寨子流传千年的艺术珍宝。而那一曲曲忽而低回婉转、忽而高昂铿锵、忽而如天籁声、忽而轻柔细腻的曲调，仿佛既有道家崇尚天地自然之声的仙风道骨，又有江南水乡缱绻涤荡的儿女情怀，还兼有彝人田野劳作应歌而起的豪放粗犷。

多年来，作为南丝绸路上的必经之地，迤沙拉可谓阅尽了古道沧桑。它被称为是“中国彝家第一村”，在攀西地区民族历史文化的壮丽图景上，凭借着古老而神秘的深山民族历史文化，吸引着八方来客探寻的目光。

整个寨子依平缓的金沙江西岸台地而建，家家户户基本都采用青瓦白墙、土木结构，呈现出一派苏皖小镇的风貌。走在寨中，小巷纵横交错，密如蛛网，家家高墙深院，院院紧邻，门前有巷，巷巷相通，让人仿佛置身于江南小镇。沿着迤沙拉一路走来，犹如身处时空的迷宫中，此时你就会明白何为“廊腰缦回，檐牙高啄，各抱地势，勾心斗角”的态势。

生活在寨中的彝人大多心灵手巧。在每一家高墙深院内，房屋的屋脊、四檐尖端均有昂扬向天的装饰，其四厢的内檐水道均朝天井内，以讨聚风聚财的吉利。雕花窗户、板壁、檐梁、墩柱、桌椅……处处可见工巧的雕刻艺术。身着鲜艳民族服装的妇女又是另一道养眼的风景。她们头戴彝人的扣花帽，服饰保留着明代汉风的痕迹——宝蓝布料、宽袍大袖，配以装饰着漂亮纹饰的背心或围腰，脚上的绣花鞋，图案精美、手工灵巧，让人惊叹……

在迤沙拉，“起、毛、纳、张”四家是源远流长的四大家族。他们家谱严谨，数百年数十代未曾断过香火，民间有“起家车轮子，毛家笔杆子，纳家包谷子，张家酒坛子”之说。

岁月悠悠，两千年的迤沙拉承载着沧海桑田，经历着一段段艰难与苍凉。它在莽莽的大山中，如同一条巨蟒，在沟坡间漫漫向前。带着往昔今朝的深深印记，在通向未来的大路上越走越远。

游览亮点

白墙青瓦的彝族建筑

见证历史的渡口

古老悠久的古驿道

迤沙拉彝族村始建于明洪武年间，距今已有 600 多年历史。

区 位

绵阳市北川羌族自治县。

推荐理由

国家 5A 级旅游景区，全国唯一的羌族自治县，记载了伟大的抗震救灾精神和无疆大爱文化，意义深重。这里的北川羌族民俗博物馆是全国唯一全面展示羌族历史文化的民俗博物馆。

最美季节

春秋最佳。

极致体验

“5·12”特大地震纪念馆值得一去，在馆内可以全面地了解“5·12”特大地震。

北川境内有很多古色古香的羌族村寨，可以前去体验羌族文化习俗。

涅槃重生之城

北川，言不尽的传说，
道不完的神奇，说不尽的美丽。
北川，抚平往昔伤痛，
充满蓬勃朝气，向着未来重生。

四川是天下皆知的“天府之国”，千百年来从不曾为旱灾、水灾、粮荒等自然灾害紧缩过眉头。在外乡人眼中，这是一个温柔之乡，好吃好喝好山好水之外还有美女如云。然而2008年“5·12”这场突如其来的大灾难，使得四川很多地区毁于一旦，成为一片废墟。北川就是其中受灾最为严重的地区之一。

“中国的达沃斯”、“中国唯一的羌族自治县”……如果没有这场惊天动地的大地震颤，北川即使拥有众多名号，也依然鲜为人知。拂去时间的灰尘，在灯下展卷查看北川被掩埋的历史，除了震惊、震撼外，还有长长的喟叹——1400多年的生生不息，是羌族人的唢呐，是猎人的号角，是农夫的呻吟，是军人的呐喊，是龙门山上嘹亮的歌声，是湔江边低沉的哼唱，是洪水的涛声，是山石崩塌的狂啸，更是所有声音交织而成的一首令人震撼的交响乐，在川北的群山之中声声回荡、经久不息。

在这片并不算辽阔的土地上，汉族、羌族、回族、藏族、土家族等30多个民族和睦融荣，相亲相爱。羌族是其中人数较多的一个，北川也由此拥有众多富有特色的羌寨聚落。虽然由于地壳的一次剧烈震颤，很多羌寨化为了瓦砾疮痍。但是如今，经过几年的发展，坚强的羌族人早已走出阴霾，在涅槃中重生，在废墟中重建了新的家园。

地处擂鼓镇猫儿石村的吉娜羌寨，守着老北川的南大门。这个寨子原有71户人家，地震前散落在山坡上，隔着一条小河就能望到进入北川的来往车辆。震后，吉娜羌寨完全被毁，唯一没变的是寨子里原有的青山绿水。不过，为了继续守护北川，村里人依照山势重新规划，在原址上重新建设。走到这里，看着像画一

巴拿恰广场位于北川新县城中轴线上，是北川新县城十大标志性建筑之一，也是北川新县城的门户。“巴拿恰”在羌语中的意思是商贸街。

北川有很多的羌寨。

样刻在山坡上的吉娜羌寨，眼前展示的不仅仅是一栋栋新房子，还是劫后余生新生活的开始。

恩达羌寨在羌语中意为“神仙居住的地方”，同样也是地震中损失惨重的寨子之一。十来年过去后，这里如今发生了巨大变化：蜿蜒曲折的湔江河畔，两百多户碉楼式农房，或独立而建，或两三家联建在一起，有楼房，也有平房，但外观风貌一致，铁红色外墙略显古朴，红褐色的镂空木窗古典味十足，墙体上镶有白色的文化石，羌雕风格的羊头守望碉楼；一些碉楼上，还高高悬挂着绣有“羌”字的彩旗，一阵山风吹来，彩旗猎猎招展，展现出浓浓的羌族风情。依山傍水的羌寨处处显示着生机与朝气，而生活在寨子里的人，也怀着对美好事物的希冀与追求，不断谱写着恩达的发展梦、幸福梦！

石椅羌寨被誉为“史上最安全的羌寨”，8级地震也未能让它损失分毫。这里世世代代聚居着中国最古老的羌民族，喝咂酒、跳锅庄、敲皮鼓、舞龙灯等羌民族习俗风情保存至今。在羌寨有一处天然形成的石椅，据说，恋人或夫妻坐上石椅上就能爱情甜蜜，婚姻幸福长久。所以，石椅羌寨的婚礼中会有一项特别的环节——新人共坐石椅，让石椅见证爱情。

光阴荏苒，尽管如今提到北川，仍会免不了触碰到那些还未完全退却伤痛的记忆，但是看着现今羌寨美妙绝伦的千景万物时，还是会感受到一种向上的力量。这种力量犹如一只靓丽的蝴蝶，用它那灵气闪闪的羽翼，一帧帧、一幔幔、一幅幅地，渐渐打开一片五彩炫目的至美画卷，更像羌族的舞蹈一样，充满了无限热情与蓬勃朝气。

游览亮点

- 繁华热闹的巴拿恰商业街
- 风景秀丽的吉娜羌寨
- 展示历史的北川羌族民俗博物馆
- 纪念历史的“5·12”特大地震纪念馆

区 位

甘孜藏族自治州丹巴县。

推荐理由

以甲居藏寨为代表的“丹巴藏寨”被评为“中国最美的六大乡村古镇”之首。

最美季节

春夏秋各有不同的美。春天繁花似锦，夏季清凉舒适，秋季藏寨和红叶极美。

极致体验

每年春节前夕，藏寨的主人们会依照传统习俗，以当地的“白泥巴”为主要原料，精心涂染寨楼墙面，使整个藏寨披上了洁白的盛装。

游玩藏寨，在寨子对面的山坡上看全景是最壮观的。游玩藏寨后，一般都会返回丹巴县城食宿。也可留宿寨内客栈感受藏寨风情，这里的客栈也是典型藏式风情建筑，干净整洁。

丹巴藏寨美如画

丹巴藏寨，美人成群，村寨如画，
犹如童话世界的城堡。
丹巴藏寨，神奇温暖，艳丽新奇，
仿佛梦中的世外桃源。

▲丹巴梨花丛中的藏寨。

从某种意义上来讲，人人心中都有一个童话，童话里都住着一座城堡，在那里，我们有邂逅，有梦想，有阳光，更有灵魂的交织与碰撞。

也许在这个日益浮躁的社会，面对压力，面对困惑，面对得失，每个人都产生过逃进城堡的念头。逃离，或许是旧的结束，或许是新的开始，更或许只是一些微不足道的瞬间，就像看戏路上放松的脚步，就像午后窗边怅然的向往。然而，无论何种原因，丹巴藏寨都会让你“逃而无憾”。

第一次见到丹巴藏寨的人，总会有一种新奇的感觉。因为很难相信，在这崇山峻岭之中，会突然出现无数依山势而建、层层叠叠的古堡建筑群，它们色彩鲜艳、错落有致地遍布在田野和山林之间，从山腰直到云海，仿佛一下子把人带到了一个童话般的古代王国。

游览亮点

美人成群的美人谷

田园牧歌的甲居藏寨

文化浓郁的中路藏寨

碉楼密集的梭坡藏寨

神圣巍峨的墨尔多神山

其中的甲居藏寨是丹巴藏寨最美的村寨代表，藏语意为“百户人家”。它从大金河谷层层向上攀缘，一直伸延到卡帕玛群峰脚下，远远望去，那一幢幢外形美观、风格统一的寨房依山势起伏，高高低低、错落有致。而在这充满灵气的山谷中，各个寨房或星罗棋布，或稠密集中，或在高山悬崖上，或在河坝绿茵间，炊烟袅袅、烟云缭绕，伴着时有时无的潺潺溪流，皑皑的雪峰，一幅幅田园牧歌式的优美乡村画卷就随之展现在眼前。

中路藏寨是丹巴藏寨文化的化身。敬天畏神的中路人是藏传佛教的虔诚信徒，自然崇拜、图腾崇拜随处可见。白色的藏房和金顶的寺庙在透蓝的天空下隐隐约约，色彩缤纷却毫无零乱之感。历史悠久的古碉楼，庄重典雅的成人仪式，华美艳丽的嘉容藏服，神秘古老的藏戏，形式多样的锅庄舞……在中路，所有的梦中之景都变得活色生香。

梭坡藏寨是丹巴藏寨中碉楼分布最密集、类型最丰富的地区。据史书记载，梭坡的古碉最早可以追溯到秦汉时期。这些古碉以泥土和石块建造而成，外形美观，墙体坚实，而且大多与民居寨楼相依相连，在当时主要是传递情报、祈福保平安或是辟邪除魔之用。千百年来，在历史的长河中，这些古碉虽然历尽沧桑，但是无论发生残酷的战争，还是经受风雨的侵蚀，它们始终凌空屹立，展示着顶天立地的雄浑大气。

不过，对外地人而言，丹巴最为人称道的还是那名扬万里的美人谷。相传，丹巴的姑娘大都是古西夏皇族后裔。西夏王朝灭亡时，大批皇亲国、后宫嫔妃从遥远的宁夏逃到山美水秀的丹巴，从此，出生在美人谷的姑娘，不管身在乡村还是走出大山，就算不施粉黛，不用华丽的衣饰去装扮，也足以艳丽如玫瑰、娇媚似桃花。

丹巴藏寨，是这样一处神奇的地方，未见它时，只知道这里美人如玉，村寨如童话。一旦真正到来才发现，这里更是一个温暖的世界。夜幕降临时，在丹巴藏寨任何一个地方，躺着也好，坐着也好，看着满天的繁星，人会很容易忘记时间，忘记年代，忘记岁月。

▼丹巴美女美如玉。

PART 4

寻古

在四川，无论是古蜀文明的三星堆，还是泽被千年的都江堰，抑或诉说抗战风云的李庄古镇……每到一处都是一路的风景、一路的故事、一路的历史。近距离地接触它们，可以看到时光深处的四川往事。

区 位

成都市都江堰市灌口镇。

推荐理由

世界文化遗产，国家 5A 级景区，全世界唯一留存以无坝引水为特征的水利工程，也是目前中国保存最完整的古代水利工程。

都江堰周边景色秀丽，文物古迹众多。

最美季节

夏季，有盛大的放水节和热闹非凡的消夏夜啤酒节。

极致体验

可以欣赏到世界上年代最久的水利工程，感受凝聚着中国古代劳动人民勤劳、勇敢、智慧的结晶。

每年清明节，都江堰都会举办热闹的放水节，有各种祭祀和纪念活动，文化气息浓郁。

水利文化之鼻祖

都江堰，是天府之国的源头，
沃野千里，泽被千年。
都江堰，是天下苍生的丰碑，
天人合一，道法自然。

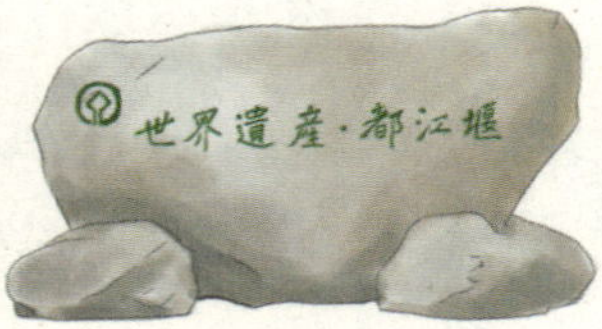

对四川而言，到处都有水，有的幽蓝如梦，让人沉醉，似童话里的琉璃世界，比如九寨沟；有的澄净如镜，俨然人间瑶池，比如黄龙；有的荡气回肠，山水相激，像一首雄壮激昂的歌曲，比如长江。与之相比，都江堰不属于任何一种，它的壮观，既源于自然，又源于人文，像是一首宏大的交响曲，急流浩荡，咆哮到让人心魄俱夺，令大地震颤，令人陡然一惊。

还未进景区，耳边便传来轰隆隆的水声，空气中也到处弥漫着潮湿，人很容易误以为都江堰已经近在咫尺间。其实，这不过是宝瓶口流下的江水在南桥下面的水闸处分流而掀起的涛声与水气而已。但是，即便这早来的涛声和水汽也足以让人领略到都江堰水势之威猛了。

沿岷江上游一路行来，都江堰的水一直都是这么大声喧嗒地奔流，可一旦站在索桥上，站在江流上游，看它冲突咆哮的洪波，人难免会胆气飞扬。而“如渔人晒网，染家晾帛”的索桥，用钢缆横架在空中，中间仅有两处桥桩支撑，人行其上，颤颤巍巍、摇摇晃晃，就像醉后乘舟，摆簸不定。短短的 140 多米，瞬间让人惊出一身汗。

▼都江堰放水节仪式上的盛况。

索桥脚下的流水，如同传说中被制服的犀牛水怪，因不甘而困顿、愤怒地咆哮着，强大的怒吼声震得人耳膜生疼，有时还会席卷着水雾喷薄而出，溅湿了桥上人的衣衫，混着游人惊出的汗，直让人不寒而栗。稀奇的是，就是这样惊天动地的水势，就是这样狂涛拍岸、喷涌而出的浪花，最后却涓涓地、温驯地流淌到了田间，成就了川西坝子这片膏泽之地，滋养了成都这片富饶之区。

对于四川盆地来说，都江堰极为重要。在没有都江堰的远古时代，四川平原实际上是一个水旱灾害非常严重的地方。因为临近岷江，每当江水泛滥之际，四川平原就会沦为一片汪洋；旱季到来，这里又成为满目荒凉、颗粒无收的“灾区”。然而，幸运的是，成都大地上很快便迎来了一位英雄——蜀郡太守李冰。他历经十八载，披肝沥胆，修建了这座泽被千年的水利工程，从此，四川平原的历史，才翻开了崭新的篇章。

有功于人民的人，人民不会忘记。为了表达对李冰父子的敬仰和爱戴，当地人专门修建了祭祀李冰的专祠——伏龙观和供奉李冰父子神像的二王庙。而且，寺庙石壁上还嵌有李冰治水的口诀：“深淘滩，低作堰……”多年来，凡是到过都江堰的人，都会在轰鸣如雷的水声中向他们默默祭奠。

时间走过数千年，如今的都江堰不仅是中国水利史上的璀璨明珠，更在世界水利史上闪耀着夺目的光芒。它历经千年的风风雨雨依然保持着不衰的姿态，像个真正的勇士一样傲然挺立，让暴躁的岷江水顺服地分成内外两江，一如既往地滋润着西蜀大地……

游览亮点

- 峻拔壮观的秦堰楼
- 巍峨矗立的伏龙观
- 功能奇特的宝瓶口
- 泄洪排沙的飞沙堰
- 名播中外的安澜桥

纪念李冰父子的二王庙。

佛是一座山

乐山大佛，顶天立地，气势磅礴，
是人类石雕的集大成者。
乐山大佛，青山绿水，诗情画意，
彰显大自然的造物神奇。

区 位

乐山市东郊。

推荐理由

被联合国教科文组织批准为“世界文化与自然遗产”，是世界上最大的一尊石刻弥勒佛坐像。

最美季节

春秋两季，气候温和，景致优美。

极致体验

除了佛像本身以外，这里还有很多珍贵的石刻造像可供观赏。

如果近距离欣赏大佛还觉得不够或者体力不太好的游客则可以选择坐船远观大佛。乘船荡漾在江面上，一览大佛的全貌，留下珍贵的照片，还可以欣赏岸边的风景。

按佛教教义来说，弥勒佛是三世佛中的未来佛，象征着未来世界的光明和幸福。在大多数人的印象中，弥勒佛是一位成天笑眯眯的“老好人”，他“开口便笑，笑世间可笑之人”，他“大肚能容，容天下难容之事”。然而，在乐山浩浩荡荡的三江汇合处，一座肩与山齐的弥勒佛却严肃地矗立于斯。这尊举世无双的弥勒佛像被称为“世界第一大佛”，它雄居于凌云山栖鸾峰西壁，足踏大江，双手抚膝，令人肃然起敬，仰慕神往。

不知多少年前，大佛还是一处石头山，普通到谁也不会瞄一眼。春来暑往，秋去冬来。时间慢慢流过千年，石头山遇到了它的伯乐——唐代凌云寺的海通和尚。在1100多年前，乐山处于岷江、青衣江、大渡河三江汇流之处，水势凶猛，舟楫至此往往被颠覆。尤其是夏汛时节，江水直捣山壁，常常造成船毁人亡的悲剧。慈悲的海通和尚为了拯救黎民，便倡导在峭崖边临江造一座佛像。

在这之后近一个世纪的时间里，无数工匠们历经千刀万凿终于将佛像刻出。为了它的降生，整个过程曾有无数人摔下过峭壁，跌进了江心，付出了生命。也许意识到自己的职责，大佛终日坚守岗位，从不擅离职守，从不懈怠松弛，从不向惊涛恶浪屈服，它带着海通的遗愿最终

▲ 乐山风景区中的雕塑在古久的神韵中，透露着神圣的光辉。

成为拯救芸芸众生的三江中流砥柱。

“山是一尊佛，佛是一座山。”乐山大佛的壮观，让人除了惊叹还是惊叹。沿大佛右侧的九曲栈道迂回而下，到达大佛脚底。人从底部抬头仰望大佛，就像是《西游记》中孙悟空如何也逃不出如来佛的五指山一样，内心充满了对神力的叹服，对自然的敬畏。阅尽世间沧桑的大佛，惯听潮起潮落，见多了世人的眼神，无论他们如何虔诚跪拜，始终不为所动，两袖清风，一尘不染。

而在大佛左右两侧的沿江崖壁上，还有两尊身高 10 余米、手持戈戟、身着战袍的护法武士石刻，以及数百龛上千尊石刻造像，形成了庞大的佛教石刻艺术群。游客沿着栈道左盘右旋、高低上下，可以瞻仰大佛和两边岩洞里的精美雕刻。穿过隧道走回到山顶尽头处，可见一处瀑布水景，在此小坐品茶看景，吹风闲聊，很有几分“悠然见南山”的韵味。

山因佛而增色，佛因山而更奇。

▲ 仰观乐山大佛石雕，与山同齐。

大佛的雕刻艺术精美，工艺巧妙，令人不得不佩服先人的智慧。大佛顶上的头发，共有螺髻 1021 个。从远处看，大佛发髻与头部浑然一体，实则以石块逐个嵌就而成。大佛右耳耳垂根部内侧，有一深约 25 厘米的窟窿，长达 7 米的佛耳，它们都用木柱作结构，再抹上锤灰来装饰。而在佛像胸部则有一封闭的藏脏洞。封门是宋代重建天宁阁的纪事残碑，洞里有废铁、破旧铅皮、砖头等。在漫长的岁月中，乐山大佛免不了遭到各种各样的破坏，有自然的，也有人为的。据说，唐代大佛竣工后，曾建有木阁覆盖保护，以免日晒雨淋，后来宋代重建，称为“天宁阁”，可惜都遭损毁。

饱经沧桑的大佛，千百年来端坐江边，阅尽了人间无尽的春色，经历了华夏多朝的更迭，但它始终面对着滚滚东流的江水，肃穆慈祥，心旌不摇，守候着千年光阴。

游览亮点

- 沉睡千年的巨型睡佛
- 气势磅礴的凌云山
- 壮观精细的麻浩岩墓
- 气势恢宏的东方佛都
- 景色幽美的乌尤山

区 位

广元市剑阁县。

推荐理由

数百里古蜀道上，峰峦叠嶂，峭壁摩云，雄奇险峻，壮丽多姿。

最美季节

春秋两季。

极致体验

剑门蜀道沿线古迹众多，可以观赏到三星堆遗址、德阳文庙、昭化古城、七曲山大庙等。

到达山顶后可以在玻璃观景台欣赏剑门关的壮美风景。

步行太累的话，景区内有索道可供游客乘坐游览。

景区的豆腐宴很有特色，可以品尝一下。

蜀道难于上青天

剑门蜀道，三国成谜，古树成群，
是历史名胜的必游之地。
剑门蜀道，险关难至，危崖难攀，
是大自然鬼斧神工所造。

远眺昭化古城的俊美风姿。

“噫吁嚱！危乎高哉！蜀道之难，难于上青天！”1000多年前，诗仙李白绝不会想到自己无意中的一句感慨，竟成为了流传千年的浩叹，不仅使因此得名的剑门蜀道成为天下胜景，更在千年后吸引了中外无数游人，不远千里，身临其境来感受这条路的艰难险阻。

历史上的剑门蜀道以剑门关为核心，北起陕西宁强，南到成都，全长450千米。

在这条古蜀道上，峰峦叠嶂，峭壁摩云，雄奇险峻，壮丽多姿，构成了川陕交通的一大屏障。古人说：“打下剑门关犹如得四川。”这道貌不惊人的关隘两旁断崖峭壁，峰峦似剑，两壁对峙如门，扼住了巴蜀的咽喉，在关键时刻挡住了来势汹汹的大军。站在这里，你就会明白“剑门天下险”“天下第一关”“蜀之门户”绝不是传说。此时你也许能体会到，诗仙在那千古名篇中挥毫疾书“剑阁峥嵘而崔嵬，一夫当关万夫莫开”究竟是为何意。如今，战火狼烟早已消散，金戈铁马荡然无存，历经沧桑的剑门关在风雨中、在阳光下静默着，没有了腥风血雨，没有了刀光剑影，只剩下如织的游人纷至沓来，替代了戍守边关的孤寂……

出剑门关半个小时就可到达昭化古城。这是迄今为止国内保存最为完好的唯一一座三国古城，是张飞挑灯夜战马超等闻名战事的上演地，记录了三国时期的金戈铁马、战马嘶鸣，以及呐喊

声响彻山谷的壮观气势。古城地处白龙江、嘉陵江、清江三江交汇处，水系宛成，太极天成，是蜀道入川的重要关口。古城的大街小巷有着良好的空间格局和亲切宜人的尺度，保留着完整的明清建筑风格，极具川北风味。

翠云廊是古蜀道的一段，以险著称，被誉为“世界奇观、蜀道灵魂”。整条廊道分布有近万棵古柏树，由北向南，如一条莽莽苍苍的巨龙逶迤于崇山峻岭之间，非常壮观。古道夕阳下，历经千年雨雪风霜的古树更显雄浑苍凉，不禁让人生出昔人已去、天地悠悠的无尽感触。清代诗人乔钵曾赞道：“剑门路，崎岖凹凸石头路，两旁古柏植何人，三百里程十万树，翠云廊，苍烟护，苔花阴雨湿衣裳，回柯垂叶凉无度，无石不可眠，处处堪留句，龙蛇蜿蜒山缠互，休称蜀道难，莫错剑门路。”

梓潼县是古蜀道南端的一颗耀眼明珠，全县尤以文昌帝君的发祥地——七曲山为胜。整个山区山势雄奇，峰回路转，巍巍庙宇，依崖而立，《蜀道难》一诗中描述的“五丁开山”的故事就发生在此。这里历经千余年，所存楼阁寺殿集元、明、清三代建筑之精华，卧龙山千佛岩、汉阙上亭驿剑泉、司马长卿石室等均为难得一见的古迹。

“大江东去，浪淘尽，千古风流人物……江山如画，一时多少豪杰……”在剑门蜀道，倾听三国的回音，感受曾经的硝烟战火，无论是在古栈道的漫步，还是在诸葛亮战车上的一个静坐，历史烟云中的血雨腥风、刀光剑影，都会一幕幕重现在流逝的时光中。

游览亮点

殿宇轩昂的皇泽寺

历史悠久的昭化古城

气势恢宏的剑门关

古柏成群的翠云廊

风光秀丽的七曲山

翠云廊逶迤在崇山峻岭之间，非常壮观。

区 位

广汉市鸭子河南岸。

推荐理由

迄今为止西南地区发现的范围最大、延续时间最长、文化内涵最丰富的古蜀文化遗址。

这里馆藏文物丰富，通天神树等青铜器造型诡异奇特，堪称奇观。

最美季节

四季皆宜。

极致体验

三星堆博物馆占地面积很大，现有两个独立的展馆，游览完两个馆，可在园内稍事休息。

园内绿化不错，仿佛一个小公园，漫步园中，很是惬意。

遗失的三星堆文明

三星堆，没有文字，没有传说，没有神话，
这是中华文明失落已久的梦。
三星堆，有青铜器，有玉石器，有全金器，
这是中国文物群罕见的珍宝。

三星堆博物馆中著名的戴冠纵目人青铜面具。

青铜，是沉默的化身，它以最土气的面孔呈现，以哑然的声音出土，无意中印证着一个深刻的道理：大音希声、大象无形。青铜，是历史的演绎、旧石器的野蛮、新石器的蒙昧，在它出世的瞬间，荡然无存。青铜，是照亮宇宙黑暗的光源，因为它，人类茹毛饮血、风餐露宿、穴居野处的历史宣告结束，文明由此诞生。

走进三星堆，就如同走进了一个青铜文明的不朽传奇。

在中国五千年的历史中，三星堆文物所代表的古蜀国是一个藏在岁月背后的古老部落，没有文字，没有历史记载，废墟的角落袅袅升腾出光和热，那是青铜散发的声音和气质，是人类发展的册页里擦不掉、抹不去的历史痕迹。这个沉睡在史前梦里的古文明，仿佛刺破了天地的静谧与神秘，在一片无人发掘的土地里，洞开了一个谜语般诡异莫测的世界，分娩了一座长达数千年的文明宝库……

“赤橙黄绿青蓝紫，谁持彩练当空舞？”这是一位伟人对世界的发问，这是一个凡人所没有的气度与身份。然而在三星堆的一号坑，却真有这样一位“持有者”，它不是何方神圣，而是一柄灿烂炫目、呼呼生风的金杖。那是一个国家的力量，是冥冥中的神灵所在。整个金杖全用纯金皮包卷而成，是世界上出土年代最早、体形最大的一件青铜器。也许，金杖所指的万千气象如今我们再也不能看到，但是那种万民俯首、山海屏息、草木寂静的场面，即使想想也免不了让人揪心撕魂。

一棵树倒下，历经千年成为化石，这种场面在很多地方都可以见到，不足为奇。但是，当这棵树站成三米多高的青铜，在古蜀国的文明中站成经典，没有人不会翘首感叹、啧啧称奇。用青铜铸就的神树，站在圆形树座上，三层树枝龙蛇缠绕，枝干、根部、花果和金鸟组合成线条坚挺、盎然高大的远古意象。一条龙盘旋着，从树顶蜿蜒而下，龙背上长着如鳍翅的一把长剑，凌空悬挂，这是庄重而神圣的祭祀品，是一个部落舞蹈着的千古图腾。而那些飘落在时空的青铜色叶片，埋进记忆的幽谷，在季节轮回中发出“无声胜有声”的潜台词。此刻，在这棵神树下，时序的涛声，连同生民的灵魂，闪动出熠熠的千载光芒，化成一方崇高的桅杆，任你的想象荡漾出悠远的涟漪……

巫术是古蜀国最崇高的信仰，像是投向天堂的火种，燃烧着整个古蜀大地的天空。王者至尊，神者至尊。在三星堆二号商代祭祀坑前的青铜立人像，是集神、巫、王于一身的最具权威性的领袖人物，是神权与王权最高权力的象征。他头戴兽面形高冠，身着三层衣服，两臂平抬，双手呈供物献祭状，纹丝不动地站在那里，恭恭敬敬地祭祀祖先。同坑出土的青铜面具，造型夸张，似人非人，似兽非兽，大耳高耸，眼球凸出，面目狰狞，代表着祖先神灵，是先民心目中的伟岸之躯。

历史的未来是今日，未来的今日是历史。在过去与未来、古老与现代的交会中，青铜元素一代代繁衍。都说青铜是冷兵器，是重金属，可是在广汉的天空下，它分明带着远古而来的温暖，抚慰了游人一个很宽、很长、很久、很轻柔的梦。

游览亮点

文物云集的三星堆博物馆

古迹犹存的西城墙

分布密集的仁胜村墓地

迷雾重重的青关山遗址

三星堆遗址出土的珍贵文物，将人们的思绪拉回了古蜀文明的时光之梦中。

区 位

成都市大邑县安仁镇。

推荐理由

中国历史文化名镇，物华天宝，人文荟萃。

古镇内有建川博物馆和刘氏庄园，还有很多民国风的老公馆。

最美季节

3月至6月或9月至11月。

极致体验

这里有富丽堂皇的庄园民居建筑群，有众多景色供人欣赏。

镇上的民国风情街有各种文艺小店，是最适合闲逛以及打卡拍照。

安仁伫立春秋中

安仁古镇，历史因建筑而幸存，
让人能用一种客观的眼光重新审视岁月沧桑。
安仁古镇，文物因建筑而得以栖身，
让浮躁的生活多了一种沉思冥想的可能。

▲ 刘氏庄园的景致不仅典雅，更透露着深厚的文化底蕴。

有人说，历史是一条河，不经过深刻反思，就无法从容迈过；有人说，人生是一条河，不经历坎坷波折，就无法波澜壮阔；有人说，生活是一条河，没有丰富的经历，就无法光芒四射。而安仁却是这些河水汇合而成的海，它既有历史烟云的波涛汹涌，又有千年沧桑的风雨沉淀，还有小镇生活的舒适恬淡。在这里，无论你是寻古，还是追思，抑或只想感受平常的古镇生活，安仁都不会让你失望。

从唐朝建立至今，安仁已经走过了1000多年历史。和大多数古镇一样，默默无闻的安仁一直处于“养在深闺人未识”的状态。直到20世纪二三十年代，这座古镇走出了刘文辉与刘湘叔侄俩。其时正值中国最动乱的年代，在四川军阀的连年混战中，刘氏叔侄也逐步登上了政治和军事舞台，成为四川众多军阀中的不可忽

视的力量。此后，靠着刘氏家族，一些军阀士绅也逐渐发达起来，并开始在安仁大兴土木。一时间，一批奢华的公馆群落便在小镇上拔地而起，各式院落中西式样结合，色彩强烈、外形自由。

在安仁的众多公馆建筑群中，最引人注目的当属刘氏庄园。

刘氏庄园是目前国内规模最大的近代地主庄园建筑群，分为南北对望、老新相邻的两大建筑群，中间有一条长320米的道路相连接。其中的老公馆现名“大邑刘氏庄园博物馆”，布局错综复杂、曲折幽深，宛若迷宫；新公馆是刘文辉公馆，现名“川西民俗博物馆”，是一座高墙深院封闭式院落，融住宅和园林为一体。夏去秋来，冬雪春风送，转眼间百年已过，如今的人再也无法还原公馆区原本的生活模样，但是从这些公馆里，游客还可以窥见当年那些地主奢华生活的影子。

走进古镇的建川博物馆，你还可以直观了解到中国自抗战以来八十多年的历史发展和时代变迁。

博物馆内有抗战系列、红色年代、汶川大地震和中国民俗四个主题板块，最吸引人的是中国抗日将士群雕广场和中国抗战老兵手印广场，在这两处场馆入口处，均标立着“国人到此，低头致敬”的宣示牌。用这种异于寻常的表达方式，似在提醒着每一位前来的中国人，都应该对中华民族的英雄虔诚致敬。

如今，时过境迁，当那些过往成为被尘封的回忆，当那些历史成为被掩埋的话题时，我们也只能循着昔日的足迹，在这个全国唯一的博物馆小镇中，去做一场隔世经年的美梦。漫步在安仁街头，那狭长的街道，幽深的巷子，连排的木板铺面，独具川西特色的四合院，风格迥异的封火山墙，以及城堡式的洋楼等建筑，每一步都是一道独特的风景，而每一景又都足以让时光倒流，把我们带回到那个风云变幻、波澜壮阔的年代。

走进安仁，徘徊在那阳光与阴影中，每一步踩着的都是百年四川厚重的历史。徜徉在千年古镇的氤氲中，每一口空气里都似含着一丝古老的气息，那古色古香的古典神韵，那悠然从容的居民，那老公馆里的鸟鸣，那淡淡的植物清香，那经营雕刻和石质水缸的工匠……无不让人沉浸在一种繁华过去的闲适与从容之中。

游览亮点

奢华气派的刘氏庄园

震撼庄严的建川博物馆

寓教于乐的崔永元电影传奇馆

古韵生动的民国公馆

老街

▲ 行走在安仁古镇的街道上，时光似乎倒转，回到了从前。

区 位

宜宾市翠屏区李庄镇。

推荐理由

抗日战争时期大后方的文化中心之一，江导岷山，流通楚泽，峰排桂岭，秀流仙源。

最美季节

春秋两季最适宜出游，气候较好。

极致体验

可以欣赏传统龙舟、秧歌、腰鼓、牛儿灯、川剧民间表演。

古镇四绝魁星点斗、旋螺古殿、白鹤奇窗、九龙石碑，让人流连忘返。

万里长江第一镇

李庄古镇，诉说着抗战风云，
折射出传统的中国文化。
李庄古镇，保留着历史遗迹，
传承着古老的民族精神。

在中国南方，古镇实在太多了，用“星罗棋布”来形容，一点儿都不夸张。如果说江南古镇是“水乡小桥人家”的集大成者，那么川西的古镇则更多了几分文化的传承，比如江油出了李白，眉州出了苏东坡……

令人遗憾的是，时至今日，那些出过名人的地方早已城市化，小镇的格局、风貌和古韵，也已荡然无存。这些“废墟”了的古镇，将千年的纯朴与悠闲，碎成了一地的瓦砾、凄凄的衰草和那盘旋不绝的点点寒鸦。还好，川西还有李庄，让迷恋古风古韵的人，不至于太过寂寞。

李庄被称为“万里长江第一古镇”，成型于春秋战国时期。因为紧邻长江的缘故，汉代曾在此设驿站，唐代作为戎州州治，宋代是南溪县治，直到明清两朝成为水运商贸重镇。但是，李庄真正的成名是在抗日战争全面爆发后。当时，为避战火烽烟，中央博物院、同济大学等文化机构、学府，争相迁至李庄，一时间，狭窄瘦弱、地灵人杰的李庄，成为汇集国内众多知名文化机构和学府的文化重镇。傅斯年、李济、梁思成、林徽因、郭沫若、金岳霖……当年的时代精英相聚李庄，为中华历史文化的传承奠定了根基。

历史距离现在并不遥远，走在小镇里的石板路上，每一处磨损似乎都见证着往事如烟、岁月悠然。

作为历史文化名镇，李庄至今完整保存着 18 条明清古街巷。街道两旁至今仍多为清代建筑，风火山墙高耸，雕花门窗，古色古香。临江码头，有石板阶梯层层叠叠而上，通往大街，具有浓厚的川南地方民族特色。古建筑群中的木雕石刻做工精细，栩栩如生，有较高的艺术欣赏价值。古镇里有体现明清建筑特点的庙宇、殿堂、楼台、古戏楼、古街道、古民居……这些文物遗迹与李庄的抗战文化，赋予了李庄这座千年古镇别样的内涵。

▼李庄古镇古朴的街道。

古镇西南的栗峰山庄是梁思成所认为的川南民居的经典之作。山庄内有浮雕石刻，瓦当有精美做工；彩绘的麒麟、蝙蝠、喜鹊等寓意福禄寿喜，是民俗中可贵的审美文化。可惜如今，山庄不幸败落，院子大部分还未修复，目前只修复了正堂部分，改造成为了抗战文化展览馆。

不过，最令李庄人骄傲的还是堪称古镇第一张名片的旋螺

李庄古镇中的慈光寺，圣洁祥和，佛音飘扬。

殿。它建于明朝万历二十四年（1596 年），是中国古建筑史上的一大奇迹。整座建筑采用的梁、柱、框、架均为木质镶嵌而成，没有一颗铁钉和任何黏合剂，被公认为中国亭台楼阁建筑之经典。梁思成曾评价“其梁柱结构之优，颇足傲于当世之作”。

漫步古镇街头，脚踩石板路，两旁绿树成荫，片片绿叶翩跹起舞。抬眼望去，一排排青砖、木结构、小青瓦房沿街巷婉转而立，古色古香的民居不规则地向前延伸；旧时民居的建筑群七高八矮、棱角交错地展现在游人眼前。在这块古老而充满传统文明的土地上，没有繁华都市的喧嚷浮尘，只有斑驳陆离的痕迹和兴衰胜败的文化历史。

夕阳归鸿，杨柳飘绿，古桥流水，小巷通幽，沿着青石街道，叩开久远的门扉，看古老的时光化成低矮的老树、揉成纤瘦的筋骨，在梦里蔓延流淌……李庄，是每个人心中寻觅的古镇，它将时光附着在树上，在桥上，在石阶上，顺着孤远而忧郁的马蹄声，将一个个抛却繁华、远在天涯的游子，引进素心朝天的残梦里。从此，轻掩窗扉，淡了回忆，深了心事。

游览亮点

- 精雕细琢的张家祠
- 气势恢宏的慧光寺
- 全木结构的魁星阁
- 独具匠心的旋螺殿
- 经典民居栗峰山庄

PART 5

幽景

久在樊笼里，复得返自然，看惯了热闹的车水马龙，就开始向往幽静的青山绿水。在四川，不管是道与幽相合的青城山、天下秀色尽绝的峨眉山还是生长在传说中的四姑娘山……置身这些清幽之地，远离尘世，你也可以做一回隐士。

区 位

成都都江堰市青城山镇。

推荐理由

青城山是世界文化遗产、国家5A级旅游景区、中国四大道教名山、五大仙山之一，还是中国道教发祥地之一，山间有多处道观可探寻。

最美季节

一年四季都适合旅游，3月至5月会有登山节，7、8月可以避暑。

极致体验

景区内有观光缆车可以乘坐游玩。

青城山有“四绝”，分别是洞天贡茶、白果炖鸡、青城泡菜、洞天乳酒，可以品尝一番。

住宿一夜的话可以第二天早起看日出，山间天师洞和上清宫皆有道观提供食宿。

道法自然青城山

青城山，是道教圣地，幽静、幽雅、幽深，
如一个缥缈空灵的世界。
青城山，是避暑天堂，清风、清水、清净，
似一处远离尘世的桃源。

一场雨之后，这片钟灵毓秀之地添上了一道彩虹。

中国大大小小的山川数不胜数，或秀丽，或清幽，或奇险，或雄伟，隐在其中的青城山似乎很难有过高的名气，更何况它的周围还有峨眉山、贡嘎山、四姑娘山等名山的存在。然而，若论一座山的气场，以及它对中国人生活方式的深远影响，青城山的伟力就凸显出来了。

东汉顺帝汉安二年（公元 143 年）的某一天，一位风尘仆仆的老人来到青城山，看到这里深幽涵碧，层峦叠嶂，曲径逶迤，于是在此结茅传道，一待就是 13 年，直到他羽化登仙。这个老人就是道教创始人“天师”张陵，青城山便由此成为道教的发祥地。

“文化的山，博而大；历史的山，深而高。”青城山就这样因为一分“道”之韵味，从此与全国众多的名山胜景区别开来。

道家讲究见素抱朴、清净无为，青城山深幽青碧，与道之主旨不谋而合。初登青城山，但见宫观掩映于繁盛苍翠的林木中，草木横生着终年的绿，日出日落间，山风吹送着潮湿的空气，云海添满山间的沟壑，人行其间，就像走在一片无声的宁静世界里。加上千年历史沉积下来的浓厚的道教文化，让人无形中就融入美好的大自然间，心灵澄净空明，有着难得的祥和与沉稳。

进入山里，在浓荫蔽日的山中，沿着青石铺就的曲径小道，听林中知了吱吱，听树上鸟儿鸣啭，听草丛中蟋蟀叽啾，听溪涧中泉水潺潺……忽然，林中飘来婉转如诉的笛音，似乎从远古飘来，从天穹飘来，余音袅袅，于心荡漾，此时，人与天、人与自然合二为一。细听间，道观里还不时传来道长们诵经的声音，倏然间，人的心胸豁然开朗，云蒸霞蔚，真似乎有些行将羽化登仙的感觉。

再向前走，远远就会看到山中集中的数十座道教宫观，它们依山而建，原始古朴，每一座都有自己的故事和辉煌的历史。千年来，名人、雅士、政要、信徒趋之若鹜，纷纷前来，或探幽，或寻道，或隐居，或修行，或祈福，或问卜，各有所取。“诗圣”杜甫来到青城山，写下了“自为青城客，不唾青城地。为爱丈人山，丹梯近幽意”的佳句；国画大师张大千来到青城山，自号“青城客”，终日在此泼墨弄清彩，作品逾千幅，晚年后他在海外还想再一次踏遍青城山，可惜只能是“而今能画不能归”，那份眷恋之情最终成为一大憾事。

来到青城山里位置最高的道观——上清宫，俯瞰山下，竟见重峦叠嶂，一目千里，都江堰市区和成都平原尽收眼底。

上清宫内还有老君殿、三清殿、文武殿和道德经堂，香火旺盛，大多数游人至此都会烧香祈福。门口的观日亭，可以看到青城山最壮观的日出佳景。而且，上清宫还是圣灯的最佳观景处。每逢雨后天晴的夏日，夜幕降临后，道观附近就会看到山中光亮点点，闪烁飘荡，少时三五盏，忽生忽灭，多时成百上千，山谷一时灿若星汉。传说这是青城山的神仙朝贺张天师时点亮的圣灯，实际上，不过是山中磷氧化燃烧的自然景象。

冬来幽寒，夏来清凉，古韵悠悠，古意盎然，青城山，在触手可及与不可及之间，在禅的佛心与道的静悟之间，在清澈而香醇的茶水之间，更在人波澜不惊与浮华喧嚣的尘心之间。

游览亮点

- 气势磅礴的三潭雾泉
- 晶莹澄澈的月城湖
- 道法自然的上清宫
- 珍藏文物的天师洞
- 俯瞰全景的老君阁

青城山上静谧清幽的上清宫。

峨眉天下秀

峨眉山，是仙的世界，是佛的海洋，
让你品味天人合一的禅境。
峨眉山，有云的装扮，有雪的飞舞，
带你领略傲视天下的胜景。

“山不在高，有仙则名”。1000多年前，唐朝诗人刘禹锡写出了这句名传千古的词句。从此，山与仙便有了丝丝缕缕的联系。峨眉山当然没有神仙，不过作为中国四大佛教名山之一，峨眉山的名字本身就逃不开神仙的传说。

据说，当年的峨眉山只是一块方圆百余里的巨石，颜色灰白，高接蓝天，寸草不生。当地有一个石匠与他的妻子决定用双手打凿一座青山。天上的神仙被他们的决心与努力打动，帮助石匠凿刻成起伏的山峦和幽深的峡谷，又把石匠妻子精心绣制的布帕和彩帕抛向天空，变成艳丽无比的七彩光环、苍翠的树林、怒放的山花，以及欢唱的飞鸟、跳跃的群猴和游走的百兽。于是，这座像绣花女眉毛一样秀美的青山就被称为峨眉山。

而在金庸的江湖中，峨眉山是一座女人山，温婉秀美又凌厉冷傲。

区 位

乐山市峨眉山市峨眉山风景区。

推荐理由

峨眉山是世界文化和自然双遗产，我国四大佛教名山之一（普贤菩萨的道场），主峰海拔3099米。

最美季节

夏季凉爽，最适宜登山。春秋两季，气候适宜，景致迷人。冬季虽然登山辛苦，但有美丽的雪景。

极致体验

峨眉山自驾游露营地位于灵秀温泉欢乐谷内，可以泡温泉、看演出（《功夫峨眉》）、搭帐篷。

每年5月举办峨眉山朝山会。

每年冬季举办盛大的“冰雪节”。

▲ 当你在峨眉山上领略到了金顶日出的绚丽，定会让你有“不虚此行”的感慨。

自《倚天屠龙记》开篇小东邪郭襄创建峨眉派后，峨眉山的女弟子和武术就成为武林中一道靓丽的风景。性情刚烈、疾恶如仇的灭绝师太，清逸如仙、冰雪出尘又心机深沉的周芷若……每一个女子都个性十足，吸引着“武侠迷”对她们的修炼之所产生了无尽遐想。天地皆造化，自然有神奇。即便峨眉山没有周芷若或灭绝师太，这座修长如峨眉的山川，也依然令人向往。日出、云海、佛光、圣灯峨眉山这四大奇观，千百年来已足以获得八方游客的青睐。

游览亮点

- 气势磅礴的金顶
- 殿宇四重的报国寺
- 独具特色的清音阁
- 险如刀削的一线天
- 一峰耸翠的华严顶

虽说日出于华夏山川中到处可见，不足为奇，但在峨眉山金顶观日出，感觉却大不一样。

金顶的日出伴随着寺庙的晨钟声而起，破晓时分，碧蓝的天空上，东方地平线横抹出一道徐徐向上下扩展的银光，从天地的缝隙里挤出一道咖啡色的光带，然后逐渐律动转换，由殷红变成金黄，最后在不断地升高中，放射出刺眼的光芒，把青山秀水洇染成金色一片，那种景象只要见过一次，就会终生难忘。

佛光是四大景观中最为奇特的一个，千百年来驰名中外。夏

飘渺迷蒙的峨眉山云海，在阳光的映照下璀璨迷人如仙境。

天或初冬时节，人站在峨眉山金顶背向太阳而立，云层上会出现绚丽多彩的光环，光环中心明洁如镜，人的身影被摄入环中，在阳光下与天、地圆融无碍。当然，这样的景象并非任何时刻都能见到，用游客的话来说，在峨眉山看佛光是件靠运气的事。

如果说看到佛光是一时幸运，那么看到圣灯便是三生有幸了！

圣灯被说成是“万盏明灯朝普贤”，要想看到这番胜景需要具备四个自然条件：雨后初晴、天无明月、山下无云层、山顶无大风大雨。可惜由于自然变化原因，目前能遇上这样的机会几乎是不可能了。

在佛教中所言的“三千大千世界”中，银色世界是弟子悟道成佛的净土，最为圆满。所以，拥有漫漫银色云海的峨眉山才被视为佛教圣地。峨眉山的云海，由一片片低云团组成，因为周围山峰较高，云海中露出许多“岛屿”，云腾雾绕，宛若佛国仙山。“天著霞衣迎日出，峰腾云海作舟浮”，赵朴初居士的这句诗就是对此景最绝妙的阐释。

一段路，一杯香茗，一颗清静心，登临佛教名山，在朦胧如黛的山色中造一枕清梦，历经烟火人间，任思绪沉浸于悠扬清越的水声与雾气蒸腾的山中，忘却身形，化作高山流水，与天地合一，峨眉山带给你的就是这样一个世界。

区 位

宜宾市长宁县和江安县交界处蜀南竹海风景区。

推荐理由

满眼绿色，水景众多，景色极美。竹海冬暖夏凉，十分宜人。

最美季节

每年 3~10 月为旅游旺季，尤以 5~8 月为最佳，非常适合避暑。

极致体验

竹海景区很大，适合自驾游，景区内停车场不收费。

景区内的住宿条件成熟，多在万岭镇上。美食方面，有熊猫大餐等很多和竹子相关的菜肴。

景区内有竹筏、索道等体验项目，还有漂流可玩。

万岭竹翠甲天下

蜀南竹海，是充满诗情画意的翠绿屏廊，
是自然构成的仙境。
蜀南竹海，是充满梦幻世界的天然美景，
是令人向往的天堂。

在绿涛如倾、壮阔如海的竹林间，一个身轻如燕的女子、一个身手不凡的男子，一前一后，穿梭往来，刀光剑影，将中国武侠故事的缥缈轻逸展现得淋漓尽致……

这是2001年李安导演执导的电影《卧虎藏龙》中最经典的“竹海打斗”场面。影片的取景地就是四川宜宾方圆百里皆是绿竹的蜀南竹海。

在古老的中国文化中，竹子是浩荡清气的禅界，是儒生佛子的气节。

国人爱竹，是因为它像极了国人的精神。一竹倒下，万竹爬起，前赴后继，一年独立，两年长成，五年成林，十年成海，在万树丛中循环、繁衍，论气势、看阵仗、说意志、谈坚韧，无树可比，无花能胜。这些，是竹的灵魂、竹的神髓，也是中国人自古相循的民族精神。所以，宋代大词人苏轼才会发出“宁可食无肉，不可居无竹”的千古喟叹。

走进蜀南竹海，就像走进了一个如烟似海、青翠欲滴的绿竹世界。在这片翠竹林中呼吸着竹叶清香的气息，吹着湿漉漉的微风，人顿时神清气爽，将凡尘俗世抛之脑后，只想尽情投入大自

▼如烟似海的蜀南竹海。

然的美丽中，幸福地在竹海沐浴，洗涤滚滚红尘的烦忧……

一路走来，你会发现，这里的竹海与别处的明显不同。在这片幽幽竹林中，有溪，有石，有桥，有瀑，曲曲弯弯，高高低低。行走在遮天蔽日的楠竹林中，整个山谷显得更加深幽。漫步到竹径的山泉旁，俯下身来，双手捧起一掬沁人心脾的泉水，看着它顺着指缝慢慢流走，凉凉的，滑滑的，仿佛时间与自然在交流。站起身，深深吸一口天地清气，闭上眼睛，便能静听风吹竹叶的林涛阵阵。

翡翠长廊是蜀南竹海的一大胜景。这里的路面是由“色如渥丹、灿若明霞”的当地天然红色砂石铺成，路两旁是密集的老竹新篁拱列，大红与大绿，这两种最民族的色彩在此完美结合，融成一份最具国粹的美丽。盛夏时节，长廊成为一个清凉世界，“红霞铺垫，玉柱框廊；炎阳无炎，狂风不狂”。晴空万里之时，竹叶间漏下的缕缕阳光洒在地上，成为金光点点的影子，把长廊打扮成一个色彩斑斓的世界。而冬雪之际，长廊又银锦铺地，绿枝琼花，别有一番情趣。

竹海有情，湖水有爱。在蜀南竹海还有一处仙女湖，可供游人泛舟临湖、尽享浪漫。乘一叶扁舟，任清凉的风扑面袭来，看竹筏扬起清清碧波，层层涟漪，人的心情也会随之变得淡然安适。或者就干脆躺在船上，看着蓝透的天空发呆，让小船滴溜溜地在湖面上自顾自地打转，浪漫而安静的日子，必然会成为你记忆中最甜蜜的人生片段。

再向里走，距竹海旅游集散中心万岭小桥大约一千米处有一忘忧谷。谷门用楠竹建成，两边刻着“万竿翠竹扫去滚滚红尘，一溪清流奏出淳淳韵音”的门联。人行其中，会看到清润的山泉水，一路跌宕，形成了五叠瀑、珍珠瀑等众多瀑布。踏着曲折的石板路溯溪而上，倾听着淙淙的山泉水，一会儿走进苍翠的楠竹林，一会儿穿越到竹径竹桥，一会儿又行进在茂密的慈竹林中，说不尽的诗情画意，说不尽的悠然灵气。

远处一阵清风吹来，百里竹海忽然婆娑起舞，摇曳万里。它携带着一身的竹韵，活色生香；它聚集着千万绿竹，一望无际，连川连岭。在这样一个地方，任谁也不忍心辜负大自然的一番深情厚待吧！

▲ 竹，一直是中华文化的一个标志性元素。

游览亮点

- 悬岩绝壁的仙寓洞
- 曲折奇特的天宝寨
- 幽深秀丽的翡翠长廊
- 壮观灵动的七彩飞瀑
- 绚丽多彩的仙女湖

蜀山王后四姑娘山

区 位

阿坝藏族羌族自治州小金县日隆镇四姑娘山风景区。

推荐理由

世界自然遗产，全国十大登山名山。以雄伟挺拔闻名，山体陡峭，直至蓝天，冰雪覆盖，银光照人。

最美季节

夏秋最佳。每年 7、8 月满山鲜花盛开，繁花似锦；10 月中旬至 11 月中旬，漫山秋色，美丽醉人。

极致体验

想要近距离欣赏、四姑娘山壮美、秀丽的自然风光，徒步旅行是最好的方式。

在景区内还可体验骑马、栈道、露营、攀岩等项目。

山高谷深，小河流淌，碧树参天，民风淳朴……在无数人看来，四姑娘山就是这样一处远离尘世的地方。它是生长在传说中的风景，是大自然制造的不真实背景，只要你涉足这一片土地，这里的山水树木、风物奇观就会带给你惊心动魄、美妙无比的人生体验。

从严格意义上来说，四姑娘山并非只指一座山，而是指四座常年被冰雪覆盖的山峰。

它们如同头披白纱、姿容俊俏的四位少女，依次屹立在长坪沟和海子沟两道银河之上。其中的“幺妹”，因为身材苗条、体态婀娜，成为整体的代表，由此也有了“四姑娘山”之名。对游客而言，四姑娘山是穿梭时空隧道的天外仙女，是披挂着圣洁哈达的完美雕塑，它粗犷中蕴含着坦荡的阴柔之美，野性中散发着内敛恬静的光；而在当地人看来，四姑娘山是神山，是圣女，是他们寄居灵魂的高高白塔，它的耸立囊括着鲜活的精神禅意。

四姑娘山中最知名的当属双桥沟、长坪沟和海子沟三大景区。

双桥沟是四姑娘山唯一能以车代步游览的一条沟，游人最多，最适合旅游观光。进入沟内，阴阳谷山势陡峭，两侧山峰曲折幽深，别有洞天。白杨林带、日月宝镜、五色山、撵鱼坝、人参果坪、沙棘林等景点星罗棋布，如锦簇画廊，令人流连忘返。一路行来，路边山坡上千姿百态的树木，或似山峰般挺拔，或似游龙般扭曲，成为景区一幅美妙的画面。

长坪沟山堪称绿色长廊，风景秀美，是户外爱好者的天堂。

长坪沟里拥有莽莽苍苍的原始森林，那挺拔高大密密匝匝的树冠，交错攀附，遮天蔽日，让人体味到一份远古和苍凉。踏上

四姑娘山，
是东方的圣山，
美得沉静，美得夸张。
四姑娘山，
是蜀山的王后，
人在画中，画在梦中。

▲冬日的四姑娘山，圣洁宁静。

四姑娘山的山谷风光好似世外桃源，美得让人流连忘返。

长满青苔的土地，拂开垂挂树枝上的松萝，跨过横七竖八的树干，走过飘动松涛音乐的幽道，在绿色的瀚海中，欣赏生机盎然的生命之树，人与自然的贴近就在此时融为一体。没有灯红酒绿的喧嚣烦躁，无须言语思想的交流契合，长坪沟的魅力就是，让人只想彻头彻尾超脱尘世，做一个精神之人。

海子沟，是四姑娘山最奇险、最美丽的一条沟，也是登山、攀冰、探险的最佳之地。

沟里的大海子、花海子、浮海、白海、蓝海、黄海等10多个高山湖泊，水质晶莹，清澈见底，在阳光照耀下五彩纷呈、流光溢彩，清风吹来又漾起千层碧波、万点晶莹。在这里，蓝天和白云留下了自己最美丽的身影，四面山色层次分明地栖息在海水之中，安详而快慰。还有来自地球第四纪的远古鱼类也在此被保存至今，成为今天人们了解这块土地的活化石。在海子沟，看高原黄鸭在水面飞翔，听空山鸟语美妙的音乐，那圣洁的水仿佛将尘世的忧怨洗净，让人的生命归于永恒。

多少年来，不知道有多少人为仰慕四姑娘山的姿容而历尽艰辛来到这里，不知道有多少人为能够瞻仰到四姑娘山的芳姿而喜极而泣，也不知道有多少人等待良久也未能一睹其秀容而遗憾离去……

无论你之前，听到过关于四姑娘山多么奇美的传说，不如真正站在它面前，骑着马儿，悠然自在地感受这里的云、这里的山、这里的树木、这里的花草、这里的河流，这里的一切一切！

游览亮点

- 宛若仙境的双桥沟
- 幽静原始的长坪沟
- 美丽奇险的海子沟
- 高大婀娜的幺妹峰

仙女梳妆海为镜

伍须海，湖水碧透，山峰幽静，壮观奇美如置身在琼瑶仙宫。
伍须海，百花盛开，古树环绕，原始古朴似是远在尘世之外。

▲ 好似人间仙境的伍须海景区，不知曾让多少人沉醉于这绝美风光里。

区 位

甘孜藏族自治州九龙县北部伍须海风景区。

推荐理由

景区内分布着雪峰、峡谷石林、海子、原始森林、草甸、野生动植物等众多景观。

最美季节

农历六月，会有九龙县一年一度的民间传统节日——游海节。

对于行走过川藏线的户外驴友而言，这条路充满了太多诱惑。那高峻的山岭、多变的地理环境、伟岸的森林、辽阔的草原、秀美的村庄、独特的藏式民居，以及巍峨的大雪山、4000 米以上的高原挑战，无不令人遐想与兴奋。

从川藏线一路走来，雪山、草原、冬日的云海、秋天五彩斑斓的树林、山谷旁寂静祥和的寺院白塔、碧蓝的水面与蓝天……人可以见到太多太多美景。然而，当问起哪里最令人印象深刻时，伍须海却成了此时唯一的答案。

在当地人眼中，伍须海是“仙女梳妆的明镜”。它面积不大却保持着完全原始的生态环境，它环山抱海、杜鹃簇簇，它山峦古树、水色青青，它更是美国著名的探险家约瑟夫·洛克在当年寻找香格里拉的惊喜发现和长住之地。那是 1930 年，洛克将伍须海介绍在美国《国家地理》杂志上，由此西方人第一次领略到中国川西高原独特的山水民俗，此时大自然的魅力，跨越了国界，跨越了语言障碍，成为人类最原始的本能向往。

湖泊，是伍须海最知名的风景。它被原始森林和宽阔的草甸环绕而成，碧绿透明，幽深平静。随着太阳的光线，湖水或碧绿、或湛蓝，人在岸上可以清楚看到水底的石砾，金光闪闪，呈现出五光十色之美。向湖底望去，一根根枯木斜卧其中，仿佛静谧久远的过往，又像真真切切的现在，同时还带有一种清丽纤弱、楚楚动人的怜悯，令人眼前顿时朦胧出一幅佳人何处、在水一方的场景。

在伍须海，倒伏的参天大树随处可见，它们或是因生长期太长，致使枝干老朽不堪重负而轰然倒下；或是被冰雪融化的激流掏空了生存的土壤。这些大树在日益腐朽中零落成尘，依伏着曾经支撑它们庞大躯体的土地，无声无息地融入成“更护花”的土壤，用新的生命换取森林的繁茂。千万年来，伍须海的原始森林就靠这种代代传承的生命接替，完成了前后相续的循环重任。

日鲁库，是伍须海一处水草丰盛的天然牧场。

这里四面环山，一条小溪“之”字形从东南走向西北，横穿整片草原。日鲁库的风光没有时节变化，无论春夏秋冬哪个季节，这里都是繁花似锦。更为独特的是，这里的山坡间还散落着一块块巨大的石头，浑身穿着鲜艳色彩的霉菌和地衣，煞是动人。牧场边缘，丛林、溪流、湿地构成一个幽静的世界，人行其间，仿如走进了一个奇丽而沉寂的世外仙境。

草甸是伍须海最梦幻的一景。在高原阳光下，薄薄的雪慢慢融化，渗透到黑黑肥沃的土地里，于是伍须海的草在高原的寒冬，仍是绿意盎然。这里的草，叶子是圆圆的，像茎秆，短而坚韧，无论晴雨、酷暑，都顽强地活出生机与美丽。

夏季是草甸最绚丽的季节，红黄花朵缀在厚绒绒的草甸里，如梦如幻。冬季，是草甸放牧的时节，青草将自己无私奉献给牛羊，牛羊又献给人类鲜美的牛羊肉，由此黑色的土地在生命的循环往复中，维系了永久的繁荣。

伍须海的美，是色彩、温暖和精神愉悦的综合感受，它那金灿灿的光焰会把人心软化，它那湛蓝澄碧的纯净会把人心洗净。走进伍须海，就是走进高原与蓝天之间，那份距离是云里雾里的似曾相识，是天地广袤的莫大相知。

游览亮点

- 水草丰盛的日鲁库
- 峰峦秀丽的十二仙女峰
- 古木参天的原始森林
- 梦幻奇美的草甸
- 澄澈碧透的湖泊

▼ 伍须海仿若仙女之镜的水面，似乎映射出了大自然无尽的美丽低语。

区 位

甘孜藏族自治州康定城西北部。

推荐理由

壮阔宁和的景色，河流、草原、森林、山体、寺庙、藏房建筑和浓郁的藏乡风情融为一体。

最美季节

夏秋之季，草原风光如画，各种野花竞相开放。

极致体验

折多山至新都桥镇之间的地段风景壮美，有“摄影天堂”之称。

塔公草原每年都要举办 1~2 次传统的赛马会，届时，牧民们身着节日盛装，欢度传统的节日盛会。

草原上游牧民售卖当地特色牛肉干，味道鲜香正宗。

美丽的塔公草原

塔公草原，山水相拥，
以最清澈的雪水穿越人们的心灵。
塔公草原，牛羊成群，
以最柔和的性情梳理生活的节奏。

在辽阔草原的怀抱中，蜿蜒曲折的小河静静流淌；在蓝得透明的天空上，巨大的云朵洁白飘浮；在漫山遍野的绿草中，绚丽多彩的野花竞相绽放；在炊烟袅袅的帐篷中，清新美味的奶香、茶香弥漫空中；在令人迷醉的草原深处，牛群悠闲散漫地享受着生活，牧歌婉转悠扬的嘹亮回响……这就是风光如画的塔公草原，用当地人的话说，就是“菩萨喜欢的地方”。

关于塔公草原的得名，当地流传着这样一个传说：

大唐盛世年间，文成公主嫁给松赞干布时，途经一个呈半月形的吉祥之地，公主携带的释迦牟尼佛 12 岁等身像突然变得很重，马拉不走，人抬不动。送亲大臣只得烧香求卦，结果显示“菩萨喜欢上这个地方了”。于是，公主决定：再重新制作一尊跟释迦牟尼佛 12 岁一样大的佛祖塑像搁到当地，以满足菩萨心愿和康巴儿女的要求。后来，这个佛像被称为“不去释迦像”，这个地方也就顺势得名“菩萨喜欢的地方”。

在这条高天阔地间硕大的绿色绒毯上，人的心就像是自由自在的风飞翔在无边的阳光里，人会忍不住忘情地扑上去，将头深深埋进草丛，恨不得将自己和草原融为一体。而在牛肥马壮、阳光灿烂的夏季里，塔公镇每年还会举办传统的赛马会。那时，身着盛装的牧民，从四面八方汇聚到塔公镇驻地，开始了在赛马场上的纵横驰骋。他们惊险的马技表演总是会迎来阵阵掌声和喝彩声，这样热闹的盛会场景，展现的便是最具民族风情的浓烈的高原风光。

深入草原，会看到那座著名的藏传佛教圣地——塔公寺。寺庙左边的空地上有百余座佛塔，形成一片气势宏大、庄严肃穆的塔林，寺庙后依次排列着三座丘草山，即被称为藏传佛教密宗事部三怙主的三座神山。

走进塔公寺，你就会发现：与其他藏传佛教寺庙相比，塔公寺过于安静了，它安静得甚至有些沉闷。这么一座偌大的寺院与寺外长长的街道一样，竟然悄无声息，很是让人怀疑它的知名度。然而，当你看到山边上那些虔诚地一步一步磕着长头，为塔公寺而来的藏族同胞时，这种疑虑又很快打消了。在漫长的岁月中，塔公寺的转经筒就这样不断旋转，无数个夜晚，窗前灯影渐明，窗外漫起低沉悠远的诵经声，天边的雪山正风雪迷离，经幡猎猎作

↓游览亮点

- 宏伟幽静的塔公寺
- 壮观肃穆的塔林
- 白雪皑皑的亚拉雪山
- 热闹盛大的赛马会

响，拂过寺院厚厚的高墙，一些人走了，一些人又来，像是一桌不散的流水宴席。

草原对面的雅拉雪山，是著名藏族史诗《格萨尔王传》里记载的四大神山之一。

在藏族古籍《神山志易入解脱之道》的记载中，雅拉雪山为“第二香巴拉”，也就是神仙居住的地方。雪山从草原拔地而起，巍峨壮观，终年银装披挂，云雾缭绕，与广袤的绿色草原和金碧辉煌的塔公寺相衬托，展示了一幅秀丽的高原风光。每逢良辰吉日，雅拉雪山便会端坐于蓝天之下，升起一朵蘑菇状的白云，犹如祭祀的轻烟。所以在藏族同胞眼中，雅拉雪山十分有灵气，是他们世代朝拜的神山。

塔公草原，是每个人想要拥抱的大地，它从不吝啬地展示出自己更风情的一面，而人站在它的面前，只能做个乖巧的孩子，恭维地赞美着它的美丽与神奇。

▼ 塔公草原上的风光，不知是多少人心中最美的“四川印象”……

区 位

凉山彝族自治州西昌市东南郊。

推荐理由

湖水盈盈，传说迭出，山寺渔村，相映生辉。

邛海盛产鱼虾，是有名的天然渔场，邛海为国家湿地公园，分为观鸟岛、梦里水乡、烟雨鹭洲和西波鹤影等几大区域。

最美季节

景色四季各异。

极致体验

景区内建有人行步道和自行车道，可租自行车环湖游览。

可选择住在这里，可以湖上泛舟，湖畔垂钓，小渔村里吃吃湖鲜。

舟行邛海，人在画中

邛海，天蓝水绿入眼来，
红枫翠柏荡人心。
邛海，皓月清辉洒万家，
空明澄澈震九霄。

泛舟于令人沉醉的邛海晚霞间，周遭的一切似乎都被镀上了一层浪漫的光晕。

“海上生明月，天涯共此时”“露从今夜白，月是故乡明”“月上柳梢头，人约黄昏后”……在中国文人的眼中，月亮总是承载着太多情感。夜幕渐渐降临，那轮硕大的光亮高高挂在空中，于千年的时光中，洒下万顷银辉，在与无数人的无数次碰撞中，令岁月变得更加温柔而感性。

纵观华夏神州，虽然各地都能看到月亮，共同沐浴在银色的清辉中，但是因为气候的缘故，邛海月成为最大、最圆、最富有诗情画意的一个。

邛海古称邛池，四面环山，芦苇萧萧，是四川第二大淡水湖。意大利著名旅行家马可·波罗游览邛海后，欣然写道：“碧水秀色，草茂鱼丰，珍珠硕大，美不胜收，其气候与恬静远胜地中海，真是东方之珠啊。”

在美丽的邛海赏月，是西昌人和外来游人的一件赏心乐事。古人曾以“月出邛池水，空明澈九霄”的佳句来赞赏邛海月。清代文人杨学述在《月夜泛舟邛海》诗中，也有“天空临皓月，海上最分明。境过银河界，人来水廓城。龙宫悬宝镜，蜃高接蓬瀛”的咏叹。据说，赏月的最佳境界应是夜色降临，明月当空，邀三五挚友，乘一叶扁舟，荡漾湖中，仰视月空，思绪飞扬。

邛海同我国一些高原湖景一样，也以恬静著称，一年四季，总会呈现出一幕幕令人沉醉的美景。春日风高日丽之际，湖面上下一碧，一片浩瀚的波光闪耀在苍山碧野之中，岸边柳眉桃腮，燕语呢喃，此时你就会明了何为“舟行碧波上，人在画中游”之境。夏日湖水盈盈，彩霞耀眼，山寺渔村，相映生辉。秋日天高气爽，邛海呈现出“落霞与孤鹜齐飞，秋水共长天一色”的魅力，使人流连忘返。冬季来临，成群结队的鸟群在明丽的湖中舞蹈，在浅水中游弋，在湖滩上散步，在草滩上觅食……天净水明，红枫翠柏，一幅幅悠闲的图景便由此展示在游人眼前。

而在同一天，不同的时辰来观看邛海，也会看到不同的风情。朝露间的邛海婉约清雅，正午时的邛海光怪陆离，晚霞中的邛海色彩璀璨；阳光下的邛海，如同明镜空明，透明而清澈；阴霾间的邛海，薄烟雾绕，朦朦胧胧，仿佛少女含羞、娥眉轻锁；到了夜晚，邛海变得安静温婉，如同纯粹的翡翠，让人的心情舒畅又平静。

也许是“文静”惯了，邛海不时还会展现出自己张扬调皮的一面。每当潮汐或午后起风时，邛海一排长长的、汹涌的波涛撞击在海边的长堤上，溅起数米高的浪花，由南而北，前波后浪，此起彼伏，如千万只白鹅嬉戏海中，因而人称“白鹅浪”。若是此时，你正好站在海边观潮，不妨租一条船，勇敢地在浪中穿行一次，这种经历一定会让你终生难忘。

人常说邛海是一个令人心驰神往、如梦如幻的美丽世界。的确，来到这里，你就会发现，它仿佛是巍峨王冠上镶嵌着的一颗瑰丽明珠，光彩夺目，熠熠生辉，又宛若一块被高原阳光溶化的巨大晶莹翡翠，满满地荡漾在群山之间，碧波万顷，摇曳生姿。

游览亮点

- 种类齐全的鱼蟹
- 恬静碧绿的湖水
- 诗情画意的明月
- 刺激惊险的浪潮

▼优雅静好、闲逸清闲的邛海，让人难忘、让人流连。

区 位

四川省凉山彝族自治州盐源县与云南省丽江市宁蒗彝族自治县之间。

推荐理由

山清水秀，空气清新，景色迷人，泸沽湖被当地摩梭人奉为“母亲湖”，也被人们誉为“蓬莱仙境”。

最美季节

一年四季可以欣赏到不同的美景，3月至 10月是泸沽湖天气最好的时候。

极致体验

可以选择包车或者租自行车环湖游览，饱览泸沽湖美景。

农历正月初七在扎美寺有隆重的跳神祭典活动。

农历七月二十五是当地的转山节。

农历十一月十五日当地摩梭人会在喇嘛寺举行晒佛、祭太阳神活动。

当地的烤乳猪可以一试，皮脆肉酥，可以 7~8 人同吃。

仙居泸沽湖

泸沽湖，是一个古朴宁静的睡美人，
平静安详，让人乐不思蜀。
泸沽湖，是一颗遗落凡间的珍珠，
遗世独立，令人浑然忘我。

随着现代生活与思想无孔不入的渗透，以及网络与交通的迅速发展，山、水、湖、海、大漠、古镇、都市……现代人见过太多太多风景，或奇特，或震撼，或温柔，或壮美，或绚丽。可惜，看到的越多反而感觉会越少，人发现越来越难纯粹地去迷恋某个景致，“遗世独立”“飘逸出尘”等各种词汇，纷至沓来，却不敢让人轻下论断。然而，在看到泸沽湖的那一瞬，人的信心仿佛被重新拾起，这里是世界上最纯粹的自然风景之一。

最早发现泸沽湖的外国人是美国探险家约瑟夫·洛克，他把这里定义为“神仙居住的地方”。泸沽湖确实对得起这个称谓。它是受造物主偏爱的“公主”，神圣纯美地隐藏在群山中，等待着有心人光临亲近。正如北宋王安石所言，“世之奇伟瑰怪，常在于险远而人之所罕至焉”，要寻访美景，总要经历一路泥泞狭窄的山路，尤其是那弯弯绕绕的盘旋路，让人很是有些心悸，但是一旦走进泸沽湖，就会发现再多的艰辛也值得。

泸沽湖既像是空谷幽兰，又仿若一个温婉的女子，温润地、恬静地镶嵌在群山之间。

平静的湖面上，倒映着湖岸延绵起伏的山丘，还有远处散放在山坡上的牛羊。透过清澈、晶亮的湖水，卵石如同一粒粒宝石晶莹绚烂，雪山像是一道道宝剑银光闪耀。从湖底生出的水草，在水里柔柔地飘荡；水草间，不时有穿梭往来的鱼儿自在遨游。徜徉其中，人的思想空白，没有一点点杂念，唯有让心灵尽情地感受，感受上苍赐予的这份纯洁与宁静。

除了秀美的风光之外，泸沽湖畔的摩梭风情则是旅途中不可错过的风情亮点。

泸沽湖上烟云笼罩的王妃岛，给人一种恍若隔世的梦幻感觉。

在泸沽湖畔，世代生存着摩梭人。他们至今仍保留着由女性当家和女性成员传宗接代的母系大家庭。千百年来，伴着袅袅炊烟，依山傍水居住的摩梭女开始了祖辈生活的延续与传承。她们独立而坚强，羞涩且知足，在泸沽湖这幅空灵朦胧的山水画里，感受着宁静与幸福。

摩梭人说，泸沽湖能保持如此纯净的水质，草海功不可没。从高处俯瞰，草海，如同一块镶嵌在湖水东面的翡翠。草海内芦苇如墙，水路错综，生长着 37 种水生植物、生活着 42 种珍禽异鸟，以及 11 种鱼、虾、贝、螺、蛙，构成了一处罕见的生物大观园。夕阳西下，红衣白裙的摩梭姑娘划着猪槽船在草海走过，悠扬的“啊哈吧啦”民歌在水草丛中远远回荡，这份逍遥自在，这份原始纯粹，任谁都会如痴如醉。

从湖区的观景台向下俯视，会看到湖心有两座小岛。岛上都建有房屋，金色的屋顶装饰，在茂密的树林里发出灿烂的光芒。如果有闲情，还可以登上泸沽湖的最高峰——格姆女神山，从此处俯瞰泸沽湖，那份美丽就像是瞬间被电击一样，令人不由自主感到战栗，又感到温暖与和煦。微风吹来，湖水泛起层层波纹，阳光照耀之处，亮光星星点点，一片空灵和迷蒙。

也许，每个人心里都有一片湖，那是他内心最柔软的地方，也是他一生珍视的宝藏。

在尘世的风雨沧桑中，因为历经的各种考验，他学会了隐藏与谨慎，不再轻易展示内里的真实。然而，一旦与泸沽湖相遇，人心底的那一片湖水便会不自觉地被唤起，在这里，人所释放的只是最纯粹的自己……

游览亮点

- 芦苇如墙的草海
- 历史悠久的走婚桥
- 晚霞优美的女神湾
- 恍如仙境的博凹湾
- 与众不同的鸟觉湖湾

PART 6

炫景

四川的风景，最令人神往的就在于它的瑰丽。不管是稻城亚丁、九寨沟、黄龙、达古冰山、米亚罗、海螺沟还是万里黄河第一湾，都是辽阔而又壮美的。这种炫目的景观给人的印象太过深刻，一不小心就忘记凡尘世俗，全心投入自然里了。

区 位

甘孜藏族自治州稻城县。

推荐理由

中国保存最为完整的一处自然生态系统。因其独特的地貌和原生态的自然风光，而被誉为“蓝色星球上的最后一片净土”。

景区内有壮丽神圣的雪山、辽阔的草甸、五彩斑斓的森林和碧蓝通透的海子，一切都让人流连忘返。

最美季节

4~10月，尤以秋季最美，晴朗天气较多，适于拍摄。

极致体验

亚丁风光辽阔通透，徒步转山是感受其美景的最佳方式。

亚丁景区面积大路程远，建议在亚丁村住宿一夜。亚丁村住宿多以民居、客栈为主，在当地还能品尝到糌粑、酥油茶等藏族美食。

最后的稻城亚丁

稻城亚丁，是摄影家的天堂，
没有人力和科技的再造，只有自然的真实素描。
稻城亚丁，是寻梦者的家园，
没有时间和文明的侵蚀，只有纯净的灵魂皈依。

1928年，美国探险家约瑟夫·洛克两度来到稻城亚丁，进行了将近一个月的考察。他在这里搜集了各种动植物标本，绘制地图，撰写了一篇题为《贡嘎岭香巴拉，世外桃源圣地》的文章，并将其刊载在美国《国家地理》杂志上。文章的开头这样写道：“在整个世界里，有什么地方还能有如此的景色等待着摄影者和探险者……”

于是一时间，稻城亚丁在西方引起了极大轰动。这股为东方神秘景色着迷的旋风刮到英国，启发了一个叫希尔顿的作家写下了一部著名的小说——《消失的地平线》，从此开启了令人追寻至今的“香格里拉”传奇。

稻城亚丁被称为“最后的香格里拉”。踏上稻城亚丁这片土地，碧蓝如洗的天空下，鹅黄色宽阔的牦牛坪草甸，秋霜染黄的原始森林，耸入云霄的皑皑雪山，潺潺流动的山泉……总有一种风景让人震撼，总有一种感动让人流泪。

“若能够朝拜3次神山，便能实现今生之所愿。”在当地人眼中，仙乃日、央迈勇、夏诺多吉是亚丁的三座神山，千百年来一直守护着他们。

仙乃日是三神山中居北的一座，海拔最高，峰名意为“观世音菩萨”。在佛教中，观音是最象征慈悲精神的角色，有“菩萨低眉所以慈悲六道”的说法，山体以此命名，可见在佛门中宽宥和救赎教义的地位之重。在仙乃日周围，有一系列的冰川地形，它们在阳光映照下幻化出种种光怪陆离的景象，世人以此暗喻“观音”脚下多变的人世和它那不可预知的灾祸。

居于南方的央迈勇，表征三怙主中的文殊菩萨，佛位居三山之首。

文殊菩萨在佛教中是智慧的化身，而央迈勇山体的雪峰恰如文殊菩萨手里的智之谕造型，直插未知和无知的云天。站在山峰脚下，转身向后望去，在群山环绕着的宽阔峡谷间，森林、草地、溪流各守一方，这气势莽莽的自然景观，相互协调拍构成一幅安宁的极乐画卷，铺陈在“文殊菩萨”身下，仿佛是这位智慧佛祖的莲花台。

象征“金刚手菩萨”的夏诺多吉山峰居于三山之东，是当年洛克第一次进入亚丁最先接触的风景。那时，仅仅第一眼，洛克

↓游览亮点

- 圣洁巍峨的三神山
- 玲珑澄澈的牛奶海
- 惊艳迷人的红草滩
- 历史悠久的蚌普寺

▲稻城亚丁的三神山下，秀美动人的草原风光动人心弦。

就被这座山峦的迷人身姿吸引住了，他写道："一座裁剪过的金字塔，在它两旁的山壁像是一只巨大的蝙蝠所展开的双翼，这是一处没有人知晓的仙景胜地。"尤其是黄昏，当夕阳从西边斜斜地照在雪峰上时，整个雪峰沐浴在柔和的阳光中，裸露的岩石和冰雪体被渲染得极为艳丽。

如果你想要深切感受三座神山的美，非"转山"不可得。

转山途中所见的景色堪称人间仙境，极目远眺，天地浩瀚无垠，乱石铺天盖地，摄人心魄，高山湖泊散落于嶙峋乱石间，三大神山高耸入云，草场林间的鸟儿婉转歌唱……雪山、冰湖、奇石、高原草场，每一处风景都令人忍不住惊叹造物主的神意。对游客而言，转山主要指的是绕仙乃日转一圈的小转山，通常需要一天或两天时间。这一路会经过亚丁所有景点，路上也有食宿供给。若能吃苦，运气也比较好，可以参加当地藏民的大转山团队，三座神山都会转到，晚上在草地上席地而睡，这种体验绝对令你难忘。任何一个到过稻城亚丁的人，都感觉自己仿佛进入了另一个世界。

有人说，稻城有空，亚丁有归，神仙守着门。稻城的空，装着一丝眷念、一朵游云；亚丁的归，隐着半世浮沉，半壁素心。而人，站在空与归间，安静祥和，与世无争，随着这片净土会重遇梦中的灵魂。

九寨归来不看水

区 位

阿坝藏族羌族自治州九寨沟县西部。

推荐理由

世界自然遗产，国家5A级景区，沟中雪峰林立，林木茂密，水池浅滩五彩斑斓，加上藏家木楼、经幡和藏羌民族独特的传统习俗，称为“美丽的童话世界”。这里的水景最著名，有“九寨归来不看水”之美誉。

最美季节

以春至秋季为宜，每个季节风光各有特色。

极致体验

九寨沟烤羊晚会集藏羌舞蹈、山歌、宗教仪式表演、民族服饰、当地特色美食等多种元素于一体，能够感受最真实的风土人情。

九寨沟，以水为魂，
“天然去雕饰，清水出芙蓉”，
是让人魂梦相依的童话世界。
九寨沟，以山为灵，“造化钟神秀，阴阳割昏晓”，
是令人魂牵梦绕的人间天堂。

“在离天很近的地方，总有一双眼睛在守望，她有着森林绚丽的梦想，她有着大海碧波的光芒……噢，神奇的九寨，噢，人间的天堂……”1999 年，阿坝州藏族歌手客中尔甲一首《神奇的九寨》唱红了九寨沟，更唱活了无数蠢蠢欲动的心。直至今日，依然有万千游客不畏道艰路远，不惧高原反应，来亲近这方“离天很近的地方”，身临其境感受这处“人间的天堂”。

走进九寨沟，鲜艳的色彩顿时扑入眼帘，青葱妩媚的山，澄清晶莹的水，宁静翠蓝的湖，洁白飞泻的瀑，翠绿清幽的树……每一种灵动都在人的心头荡起层层涟漪，此刻人自然而然地成为青蛙，只会本能地发出一句“哇……”的词调。

与成都的热辣恰恰相反，九寨沟是清新脱俗、不食人间烟火、不带人情味儿的存在。它的美，在于天然，在于精致，在于灵动，更在于那份“动中有静，静中有动”的独特。山偎水，水绕山，树在水边长，水在林中流，瀑在湖下生，湖在瀑中涌，山水相映，林水相亲，湖瀑孪生，相衔相依，最终汇成了九寨沟这处神秘莫测、变幻无穷的“人间仙境”。

不得不说，九寨沟是大自然偏爱的杰作。和大多数景区不同，九寨沟并没有明显的淡旺季。在这里，每一个季节都是一个独立的世界，每一个世界都蕴含一种独特的风情，错过了春天的浪漫，还可以感受夏天的激情，错过了秋天的妩媚，还可以感受冬季的灵韵……

初春来临，春风吹拂，冰雪融化，新绿发芽，沉睡的九寨沟瞬间苏醒。浓绿碧翠的山色倒映在一池春水中，娇嫩得仿佛天地精灵；水边道旁，桃红、绛紫、靓蓝……不知名的山花烂漫一路，闹哄哄地陪着游人探访春景；慵懒的阳光洒在身上，洒在湖上，洒在每一朵新生的花草旁，温柔、惬意，柔化了每一位出游者的心。

炎炎盛夏，当多数人都挣扎在似火骄阳与黏湿汗水中，焦躁不安、无处可逃时，那些身在九寨沟的人却是“暗爽在心”。他们掩映在整片苍翠欲滴的浓荫中，看茂盛的林木守卫着海子，看欢快的流水梳理着树枝与水草，兴致渐浓时还可以在银帘般的瀑布中抒发最为恣意的夏日激情，此时此刻，人的心情像风一样，自由轻快。

“九寨归来，百般秋意无颜色”。秋天的九寨沟美得根本不真实，一场浪漫的秋风，将这个最为灿烂的季节吹到游人眼前。绿色、金黄、火红，缤纷多彩的树木，倒映在明丽的湖水中，湖山同色，斑斓似锦，让人一时间分不清哪里是山、哪里是水。悠远的晴空下，云朵飘浮，树叶飞舞，湖水流转，到处都演绎着自然界的梦幻与离奇。

隆冬时节，九寨沟收起了素日的活泼灵气，转变成一位端庄素雅的“名门淑女”。这一刻，山、树银装素裹，瀑布演变为一幅幅巨大的天然艺术冰雕，湖泊在日出日落中变幻着奇妙的色调。雪花飞至，纷纷扬扬，飘飘洒洒，描绘出一个洁白而高雅的世界。静静地欣赏着这幅大自然的杰作，世间任何纷争和烦恼，都会抛之脑后。

“人间仙境”“童话世界”“人间天堂”……九寨沟的每一个称呼都极具诱惑力，每一处风景都极具感染力。对于九寨沟，没有人会失去记忆，因为这里唤醒了每个人对大自然的珍爱与怀想。

游览亮点

斑斓奇绝的五彩池

漾绿摇翠的芦苇海

小巧玲珑的卧龙海

汹涌澎湃的树正瀑布

波澜壮阔的诺日朗瀑布

圣地仙境黄龙

黄龙，如同散落在群山中的翡翠，
是造物主幻化的圣地仙境。
黄龙，宛如盛满各种颜料的水彩，
是大自然形成的人间瑶池。

▲ 黄龙不知曾让多少人沉醉于这绝美风光里。

区 位

阿坝藏族羌族自治州松潘县境内岷山山脉南麓。

推荐理由

世界自然遗产，国家 5A 级景区，以规模宏大、结构奇巧、色彩丰艳的地表钙华景观为主景，以罕见的岩溶地貌蜚声中外，堪称人间仙境。

最美季节

9 月底至 10 月风景最佳。

极致体验

每年农历六月十二日至十五日，是黄龙旅游的鼎盛时期——黄龙庙会。

彩池、雪山、峡谷、森林被称为黄龙“四绝”，不可错过。

人们常说，“黄山归来不看岳，九寨归来不看水”。九寨沟的名气实在太大，尽管名副其实，也难免让人对四川其他类似景致失去了探寻的兴趣。所以，对临近九寨的黄龙而言，这种命运可谓“悲欣交集”。不过，因为与世无争的飘逸、灵秀和静谧之美，黄龙还是赢得了不少“粉丝”。好游者如果不到此地，那一定会有沧海遗珠之恨。

关于黄龙的得名，史料中有两种说法：一种是因为当地有一座黄龙寺，景区以寺命名；另一说法则是黄龙主景为历经千百年岁月形成的地表黄色钙华堆集体，上面彩池层层叠叠，登高望远，钙化池蜿蜒如一条黄色“巨龙”在皑皑雪峰、莽莽丛林中腾空而起，也因此，黄龙被誉为“圣地仙境，人间瑶池”。

黄龙的钙化景观确实举世无双。沿栈道而上，眼前是一片金黄色的钙化滩，洋洋洒洒，铺天盖地，壮阔地簇拥在青山绿树间。而就在这些碳酸钙沉积的过程中，那些枯落的残枝、飘零的败叶、倒入水中的朽木和多种多样的沉水植物，经过多年的钙化活动以及光线照射的种种变化，绘出了黄龙奇观的第一幅天然图画——彩池。

明镜倒映池是位于“金沙铺地”左侧面的一组池群，紧傍森林，恬静素雅，使人产生一种空灵、隽永的兴味。这里有大小池子180余个，池面大都光洁如镜，水质清丽碧莹，雪峰密林倒映池中，随着四季林区的变化呈现出不同风姿，尤其是入秋时节，森林里的树木红晕浮面，时而羞涩含嗔，时而锦装紫红，倒映池中，像是羞涩的少女，给景区平添了不少情趣。

娑罗映彩池在明镜倒映池上方，因整个彩池掩映在一片葱茏艳丽的娑罗丛中而得名。所谓的娑罗花，实际上就是杜鹃花。彩池周围大约有16种杜鹃花生长，花色花形异彩纷呈，每逢开花时节，娇丽艳媚的杜鹃花倒映池中，涟漪荡彩，绚丽异常。面对着这样蓝湖、繁花交相辉映的美景，人的心中也会因大自然的恬静而变得更加坦然!

争艳池是黄龙沟内规模最大的彩池群，也是黄龙钙华景观中色态最丰富的池群之一。在这处彩池群中，因为水池深度各异、堤岸池底各具其色、水草分布差别较大，以及对太阳光的吸收程度不同，各个池子差别很大，有的圣洁纯净，有的艳丽明媚，有的宁静祥和，有的柔美缤纷……站在争艳池前，人会洗去内心的卑污，丢却内心的烦躁，卸下心中的沉重，点燃澎湃的激情!

一直向高处走，就到了位于黄龙景区最高处的五彩池。它是黄龙最精华的部分，被誉为“黄龙”的眼睛。这处池群依偎着吐翠青山，如同仙人散落在群山中的翡翠，诡谲奇幻，艳丽奇绝。由于池堤低矮，五彩池的汪汪池水漫溢出来，远远望去仿佛是一片片碧色玉盘，很是壮观。尤其是在阳光照耀下，这些彩池或红或紫，色彩缤纷，极尽美丽娇艳。也只有在此地，人进入瑶池仙境的感觉最为强烈。

在黄龙这块土地上，水时刻演绎着人间的灵动与生机。它流淌成掷地有声的彩链，飘动成如梦如幻的烟云，凝固成玲珑剔透的季节，挥洒成坦坦荡荡的壮阔……在俯仰之间，黄龙带人倾听着涓涓细流弹奏出的空山鸟语；在动静之间，黄龙带人感受到遐想的绝妙与神奇。

↓游览亮点

金沙铺地的五彩池

古老雄伟的黄龙寺

美丽壮阔的牟尼沟

罕见壮观的扎嘎大瀑布

▼秋天的黄龙，色彩丰富多变。

区 位

阿坝藏族羌族自治州黑水县境内。

推荐理由

全球海拔最低、面积最大、年纪最轻的冰川，也是距离城镇最近的冰川。冰川、雪山、森林、瀑布和漫山遍野的杜鹃花，令人心旷神怡。

最美季节

四季皆宜，春赏花，夏观湖，秋爬山，冬有雪。

极致体验

景区内有观光环保车以及索道，在观景台可收获最美景色。

达古冰山是登山越野的胜地，每年都会吸引很多人来这里挑战自我。

高峻雄浑古冰川

达古冰山，冰川高峻雄浑，
神山晶莹圣洁，仿佛是最遥远的天边。
达古冰山，山花次第开放，
藏寨遗世独立，恍如置身最近的桃源。

冰山，是大自然最壮观的创造之一。它们时刻被一种朦胧神秘的气氛所笼罩，呈现出千姿百态的韵味，或白得耀眼，或散发出蓝色、绿色、紫色的光芒，浓淡不一，却闪耀出最纯粹的美丽。

今天的冰山由多年前降落的雪花形成，它们的体内是数百年、数千年，有时甚至是数百万年前的雪花积淀。走进远古、探古溯源，这里就是名震中外的达古冰山。当代著名作家阿来称其为“最近的遥远”。

达古冰山自然之美源于它的原始和神奇。

初次见到达古冰山的人，总是忍不住震惊于它那晶莹剔透的冰天雪地，再看一眼，那无法用言语形容的美轮美奂仿佛让人瞬时忘记自己身在何处。就算你见多了世间的良辰美景、风花雪月，但是在达古，面对着眼前一波又一波袭来的惊艳，谁都把持不住内心涌起的激动，“哇哇”叫个不停。

冰川是达古冰山最主要的风景，在前往景区的路上，首先要穿越一处保存完好的原始森林。穿行于林间，但见各种高耸挺拔的树木层层叠叠、遮天蔽日，令人顿生幽静、神秘之感。透过林间空隙，对面山崖上一股巨大的山泉喷涌而出，垂直飞泻，若是站在瀑布底端仰望，瀑布如同千万颗晶莹的水珠编织成的一条洁白帘幕，从天而降，飞洒出微雨般的水雾，让人如置身海天云雾之中，因而此瀑得名“凌云瀑布”。

穿过浩瀚的林海，在海拔 3800 米与 4200 米之间的是达古的又一经典——上千亩的高山杜鹃林。初夏时节，漫山遍野的杜鹃花，在山风吹拂下，随风摇曳，像是在欢迎远道而来的客人。“野

▶ 达古冰川下的山谷中，有一个巨大的湖泊。

达古冰川被白雪覆盖着，若隐若现。

火烧不尽，春风吹又生”，当年白居易笔下那生命顽强的野草，到了达古，你会惊喜发现，“主人公”已悄然间换成了令人惊叹的杜鹃花。人常说“一花一世界，一叶一菩提”，在达古，美丽的杜鹃花一定会开满你如诗如画的世界。

继续往前走，在快要到达冰川的时候，一股寒意迎面扑来，凝神细看，冰川那呈月牙形的身躯瞬间跃入眼帘。整个冰川被长年垫积起来的白雪轻轻覆盖，前缘的冰蚀崖若隐若现，蔚蓝的冰蚀湖漂浮着无数大小不等的冰块，像是浮云飘在天边。阳光照射下，冰川白中透绿，绿中带蓝，与精致恬静的湖水交相辉映，动人心魄。站在冰川之巅，放眼眺望，皑皑雪山在支天雾海之上连绵起伏，使人心中不禁豪气顿生。冰川周围，是金丝猴、野牛、盘羊等众多珍稀动物，它们常常在山脊上悠闲散步或嬉戏、玩耍，为这亿万年的古冰川增添了无穷活力。

如果此时你正经历纷繁杂乱、纠缠不清的凡尘琐事，或是被现代文明所累，希望回归自然、找寻内心的精神家园，罗格斯神山一定会为你带来指点。

在当地藏族同胞心中，这是一座圣洁的神山。走上这条“朝圣之路”，你可以什么都想，也可以什么都不想。尝试着用心与圣洁的神山对话，你会发现在这样一个时间片段里，紊乱的心绪竟然平息下来，如同得到一种超凡神奇的力量。

“我总觉得，达古冰山这样的地方，可以成为每一个中国人学习体味自然之美的课堂。”阿来曾如此说道。不翻山而穿越岷山峡谷，不冒雪而置身林海雪原，不登山而屹立群山之巅，在达古冰山，地理之美，植物之美，共同构成的自然之美，无处不在。

游览亮点

- 晶莹洁白的冰川
- 争奇斗艳的杜鹃花
- 高挂天际的凌云瀑布
- 保存完好的原始森林
- 明亮恬静的东措日月海

区 位

阿坝藏族羌族自治州若尔盖县唐克乡以西 9 千米。

推荐理由

风光绝美，牧歌悠扬，蓝天白云，绿草繁花，帐篷炊烟，牛羊骏马，盘旋的雄鹰，如诗如画，气象万千。

最美季节

夏季，天高气爽，绿草茵茵，繁花似锦。

极致体验

在第一湾露营或者在索克藏寺住宿，可以欣赏壮美的日出。

在这里可以吃到手抓羊肉、藏香猪肉等当地极具特色的美食。

黄河九曲第一湾

黄河九曲第一湾，碧草青青，野花遍地，
让人真切地回归到大自然。
黄河九曲第一湾，帐篷炊烟，牛羊骏马，
形成如诗如画的壮观图景。

在耀眼的落阳光辉中，黄河九曲第一湾的傍晚美得让人难忘。

黄河是中华民族的母亲河，千年万载，万载千年，滔滔黄水负载着这个古老民族对未来的无限希冀与憧憬，哺育了亿万中华儿女。1000多年前，当唐朝诗人刘禹锡吟出那句“黄河九曲万里沙，浪淘风簸自天涯”的诗句时，不仅描绘了黄河奔涌万里的磅礴气势，也激起了千百年来无数仁人志士想要一睹黄河九曲魅力的豪情心绪。

发源于巴颜喀拉山的黄河，一路奔腾而下，眼看着就要流进四川时，却调皮地来了个“神龙摆尾”，转过180度的弯，朝着甘肃而去。这个转身正好在若尔盖草原腹地，与白河汇合，形成黄河九曲第一大转弯。在此，黄河之水如仙女的飘带自天边缓缓飘来，曲曲折折被分割出无数小岛，水鸟翔集。

在天下黄河十九道弯中，黄河九曲第一湾以一种大度的姿态、平和的心态表现了黄河精神“宁静致远”的阴柔之美，黄河壶口瀑布则以一种大气的姿态、豪迈的心态表现了黄河精神“灵动飞扬”的阳刚太极之气，这一动一静、一阴一阳恰是对黄河精神的最佳诠释，故而它们又被称为“神奇的黄河九曲立体大乾坤地图”。

黄河九曲第一湾，就像是黄河书写出的一个优美感叹号。

走进这里，岸边碧草青青，野花遍地，躺在草丛中、卧在花簇里，让人的身心得到了前所未有的解脱。俗话说：不到黄河心不甘。凡是来此观光的中外游客，必然要以饱览黄河九曲第一湾胜景为快。

这里因为拥有众多岛屿，红柳成林，婆娑多姿，成为许多珍稀动植物的乐园。在这片浩渺的黄河大草原湿地上，黑颈鹤用它的歌和舞，演绎着仙者之尊、生命之灵。而在黄河边上的“索克藏寺”和藏族村寨，河岸边飘扬的成片经幡，又给美丽的黄河九曲第一湾增添了几分神秘气氛。

第一湾所在的若尔盖草原还是四川最大的草原，红军二万五千里长征曾多次通过此地，留下了许多可歌可泣的动人故事。被称为“全国三大名马”之一的河曲马，也经常会信马由缰地驰骋在广袤辽阔的大草原上。静静地坐在黄河边用心倾听它对历史的诉说，或是它那穿越时空的变迁，仿佛亲身经历了当年的枪林弹雨、烈烈烽火，又仿若应和着牧民抑扬顿挫的牧歌，将滚滚的马蹄声回荡在时光的角落。

夕阳西下，是黄河九曲第一湾最美的时刻。黄昏初落，看着夕阳一点点变红朝山边落下去，整个河谷顿时笼罩在了一片金黄之中。站在索克藏寺后面的山坡上，面向西方，S 形的黄河在夕阳下泛着红色的磷光，远远望去，茫茫原野与辽阔幽深的蓝天自然地融为了一个和谐的整体。此时，等太阳落入地平线之后的满天红霞是拍照的最佳时机。

在黄河九曲第一湾，清澈的河流水势平缓，蓝天白云，绿草繁花，帐篷炊烟，牛羊骏马，盘旋的雄鹰，如诗如画，气象万千。来到这里，你就会领略到何为“落霞与孤鹜齐飞，秋水共长天一色”，你就会明白它不仅仅是鬼斧神工的自然造化，更是一幅令人叹为观止的美丽画卷。

游览亮点

密集分布的岛屿

广阔壮观的草原

自由自在的水鸟

精致悠久的古寺

◀黄河九曲第一湾秀美的草原风光。

区 位

阿坝藏族羌族自治州理县境内。

推荐理由

中国发现并开放的面积最大的红叶风景区之一，区内群山连绵，江河纵横，林海浩瀚。

最美季节

5~11 月。夏天来避暑，秋季赏红叶。

极致体验

每年的 10 月中旬，理县会举办米亚罗红叶节，红叶开遍了米亚罗满山。

风景区中居住着藏族和羌族人民，极具民族文化风情。

米亚罗最美的风光都在路上，建议包车游览，这样可以随时停车。

三千里红叶米亚罗

米亚罗，三千三百道沟，三千三百道梁，
沟沟有红叶，沟沟有融雪，沟沟有泉涌。
米亚罗，山被红叶遮掩，水被红叶浸染，
红叶铺大道，一簇一团连，燃成秋之焰。

多情之人，提到秋天，总会带着淡淡的感伤，那是落叶寂寥的时节，人的心绪在这个季节里变得分外脆弱，而开朗之人，却总能在这片落叶满地的日子里，看到活力与收获，看到梦中的童话。这一切，自然都与红叶有关。

中国看红叶的地方很多，北方最知名的莫过于香山公园，然而因为名气过盛，每到红叶节，人潮人涌，形成了“人比红叶还多”的尴尬境地。于是乎，米亚罗，一个被世人遗忘的红叶胜地逐渐出现在人们的视角里。

用藏语来说，“米亚罗”是“好耍的坝子”之意，它就在九寨沟和四姑娘山附近，比北京香山红叶景区大 180 余倍，是鲜为人知的我国面积最大、景观最佳的红叶风景区。

每当 10 月秋风乍起之时，米亚罗沿杂谷脑河谷两岸的密林渐次经霜，树叶被染成绮丽的鲜红色和金黄色，这时候，米罗亚整个就是一片红色的海洋。在它那 3000 多平方千米的深山峡谷中，三棵针、五角枫，红霞落谷谷映红，三千里梦幻般的红叶让人陶醉，一坡坡、一寨寨、一山山、一地地是数不尽的红色，太清的水、太美的山、太多的树、太红的叶……斑斓的色彩与蓝天、白云、山川、河流、雪山、温泉、森林，构成一个神奇的红色梦幻走廊，形成“三千里红叶，三千里情”的秋之盛况。不过，漫山遍野的红叶持续时间非常短，10 月中下旬还能见到的大量红火，到了第一次霜降后，一夜之间叶子全部变黄，三日之内一片红，而在第二次打霜后，很快就剩下满地红叶，一片枯枝了，所以能否赶上最美的那几天就得看个人的运气了。

▶米亚罗动人的秋日风光，似乎是大自然在金秋时节的一场盛大表演。

古尔沟温泉，是去米亚罗不能错过的地方。

除了秋天，米亚罗的夏冬两季也值得游览一番。盛夏酷暑，当大多数城市的人都在饱受高温的煎熬时，米亚罗却是一片清凉幽静的景象。其时，高大的乔木在阳光的照耀下茁壮成长，灌木丛中开出朵朵野花，林中小溪旁结出了各种野生浆果，凉风习习，是周边人避暑消夏的理想之地。冬季来临，在被覆盖上了皑皑白雪之后，米亚罗的高山显得更加巍峨雄峻。此时的瀑布和溪流都被冻结，形成了一个个天然的雕塑。喜欢滑雪的游人，还可以在各种类型的滑雪场地尽情挥洒冬日的汗水。

若是对民俗风情感兴趣，那红叶簇拥间居住的藏族和羌族人民一定不会让你失望。他们那淳朴的民族习俗及风情、古老雄伟的石寨古堡，还有羌族的羊皮褂、藏族的珊瑚腰带、藏羌极具特色的餐饮及民族建筑、华丽的服饰、浓烈欢快的“锅庄”舞蹈，可以说是一座巨大的藏羌民族文化风情走廊。

清新宜人的古尔沟温泉是米亚罗景区的又一大亮点。这是景区最大的温泉区，素有“仙山瑶池”之称。走累了，泡一泡温泉，舒展下筋骨，绝对是旅途中的一大享受。

如果喜欢在自然风光中徒步徜徉，毕棚沟必定会成为你的最爱。这里的植被种类繁多，国家一二类保护动物众多，沟内红叶为米亚罗之最，加上神圣雪山、原始森林、瀑布飞挂、冰川奇特，向来拥有“小九寨”之美称。

在米亚罗，织锦般的流水流过三千多条沟，灿若云霞的红叶红过三千多条坎，神奇迷人的藏羌风情流淌过几千个日夜……金黄色的背景下，米亚罗风吹、水绕、天蓝，缤纷成你终身的童话。

游览亮点

- 壮观瑰丽的红叶
- 风情浓郁的藏羌寨
- 雄伟壮丽的雪山银峰
- 冰川奇特的毕棚沟
- 清新宜人的古尔沟温泉

冰川王国海螺沟

海螺沟，不是神话仙境，不是传说玉宇，
只是人间的水晶宫。
海螺沟，没有世俗纷扰，没有虚拟雕琢，
只有真实的童话梦。

“哦，姑娘啊姑娘，海螺姑娘，你那黑黑的发辫，是那潺潺的溪水……”一曲《海螺姑娘》传承出一个被永远记住的名字。自此，美丽、温情的海螺姑娘成为海螺沟永恒的象征。

海螺沟与海螺姑娘的故事来自一个美丽的传说。传说曾有一群美丽的少女生活于海螺沟内，她们日夜与山林为伴，在溪水旁嬉戏。一天一个猎人进沟打猎，因追赶猎物误了时辰，徘徊之际恰巧听到少女的声音，循声而去，看到嬉戏的少女，惊讶之余却又发现少女消失，只剩溪边散布的一群各式各异的海螺石。原来少女即是由这群具有灵气的石头幻化而来，后来，其中一位少女爱上猎人，并嫁给了猎人。

美丽的传说给了所有渴望寻求童话之梦的人无限遐想。他们走进海螺沟，倾听海螺沟，寻找传说中的海螺姑娘，并相信这个冰雪王国是可以幻化出真

区 位

甘孜藏族自治州泸定县境内。

推荐理由

国家5A级景区，以低海拔现代冰川著称于世。可近距离接触冰湖、冰洞、冰裂隙、冰阶梯等多种景观，令人称奇。

最美季节

白雪皑皑的冬季是海螺沟最美的时节。

极致体验

二号营地有很多温泉泡池，这里有著名的热水沟沸泉，泉水终年不断。

景区内路线成熟，有游览观光车。

冬春季节晴朗天气可欣赏到日照金山景观。

的神话的地方。冰川为影，森林为衣，瀑布为发，温泉为眼，美丽的海螺姑娘舞动于苍茫雪山之间，用冰川构筑起迷人的一物一景。海螺沟不是神话仙境，不是传说玉宇，只是人间的水晶宫。

真实的海螺沟，自然找不到海螺姑娘。但是，这里闻名天下的五绝佳景，却是真实地吸引着千方来客。

“飞流直下三千尺，疑是银河落九天。”1080 米高的大冰瀑布是海螺沟第一绝。它昼夜不息地奔腾在山谷间，似白龙穿越山峰，似冰川声嘶力竭的呐喊，瑰丽非凡，震撼无比，绝胜世间所有流水的声音，诱惑着每一个渴望与冰雪拥抱的人。“未观赏过大冰瀑布，就不算来过海螺沟”一句话即可道出大冰瀑布在海螺沟的分量。

天气晴朗，惠风和畅，东方吐白之际，灿烂的霞光从海螺沟周边山峰冉冉升起，万道金光从长空中直射山峰，这是海螺沟的第二绝景——日照金山。站在海螺沟任一角落，看数十座雪峰在阳光照耀下，散发出金灿灿的光，如同天神降临。

在海螺沟那皑皑白雪中，还隐藏着多处露天温泉。这些温泉最高的泉眼处水温为 90℃，最适宜人浸泡的池水从 30℃到 45℃不等。随自已的喜好任选一处，看池中的蒸汽滚滚腾空，使原始森林中的绿树与奇花异草朦胧一片，影影绰绰，欣赏着雪花漫天

▼ 泡在海螺沟热气腾腾的温泉中，享受着“冰川的温暖”，实在是让人惬意的体验。

▲ 海螺的山清水秀，构成一幅动人的风景画卷。

飞舞，这样的浪漫风姿并非随处可觅，由此也形成了海螺沟第三绝景——雪域温泉。

海螺沟不仅是个神奇的地方，更是个充满灵气的地方。在这片神域之地，众多参天古木扎根生长，形成了海螺沟第四绝景——原始森林。沿着环游山路徐徐前进，身旁的植物景观变幻无穷，它们摇曳风姿，在冬天舞动，在夏日碧绿，沐日月之精华，得冰川之灵气。丛林之中，猕猴、小熊猫、牛羚等可爱动物时常隐现。置身其中，在冰川的世界里你亦能感受到生命的炙热温度。

再多的美景，缺少人的点缀，总会失去几分活力与真实。海螺沟的温情恰恰还在于它的第五绝景——浓郁的康巴藏族风情。海螺沟所在的甘孜藏族自治州是养育了甘孜十八县藏族儿女的沃土。来到这里，多彩的服饰，动人的歌舞，精心呈现的美酒佳肴……总会让你倾心倾情。

海螺沟是这样，未见它时只知它是冰雪的世界；走近它时，才知它亦是五彩，亦有温情；它融合世间最美、最盛，为你呈现自然之美的盛宴；它似美人于天地间呼喊，于蓝天下起舞，等待每一个欣赏它、懂得它的人前往。

游览亮点

晶莹壮美的冰川

奇丽非凡的大冰瀑布

冰川之中的原始森林

炽热盛大的雪山温泉

瑰丽辉煌的日照金山

区 位

宜宾市兴文县。

推荐理由

石海洞乡是我国喀斯特地貌发育最完善的地区之一，地面怪石林立，地下溶洞纵横。天下奇观集于一地，上下相映，与竹海、恐龙、悬棺并列为川南四绝。

最美季节

春秋两季。

极致体验

不仅可以欣赏美景，还有溪流可以划船。

端午节前后，当地苗族人会举办花山节活动，届时可欣赏苗族民歌、芦笙舞等民俗活动。

三绝同在石海洞

石海洞乡，怪石林立，溶洞纵横，
天下奇观集于一地。
石海洞乡，历史悠久，文化独特，
山水人文完美融合。

▲ 造化神奇的石海洞乡风光，仿佛是大自然创作的奇美雕塑。

喀斯特地貌的形成可谓是造物主精雕细琢的杰作。经过亿万年的地壳运动、海底火山喷发形成石灰岩地质，再经过千百年雨水、河水的侵蚀，造就了山清水秀、洞奇石美的山水奇观。

中国喀斯特地貌分布广、面积大，最知名的莫过于云南石林、桂林山水等地。但是鲜少有人知道的是，四川也有一处以喀斯特岩溶地貌为主的风景名胜区，那就是宜宾的石海洞乡。

石海洞乡因为地表石林、怪石、雄峰同地下充满幻景的龙空神洞，形成独特的风貌而得名。它是我国喀斯特地貌发育最完善的地区之一，荟萃了地球上喀斯特各个时期的地质景观，集地表石海、巨型漏斗和地下溶洞于一体，被誉为“三绝同在一画中”。

天泉洞是石海洞乡最先闻名、最先接待中外游客的溶洞，也是三绝中的第一绝。

1980 年，时任国防部长张爱萍将军重游长征旧地，穿行洞府，饱览石林时，曾写下一首脍炙人口的《西江月 · 赞石林》：“峰峰千奇各态，洞洞万象异姿。若非银河洒素丝，水下天上莫

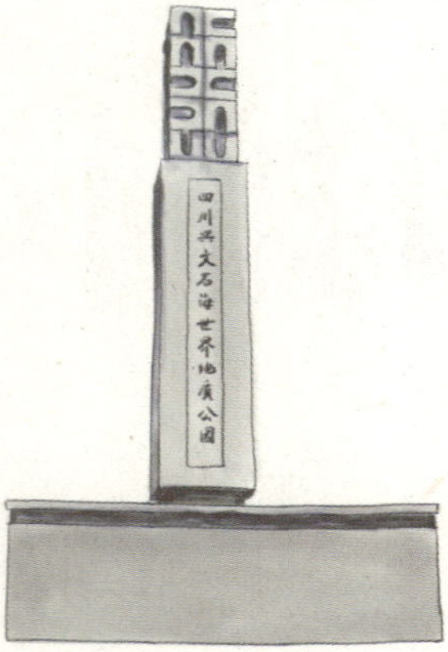

识。仙山瑶台琼阁，小溪涓流乐池。天工造化自有诗，敢言神奇绝世。”据研究，天泉洞所形成地质的时间距今约三百万年，其空间规模和系统游览长度均居世界之首，在世界洞穴中享有极高的声誉，被世界地质学家和探险家誉为最具科考、探险价值的绝佳洞穴。

▲石海洞乡的“天下第一大漏斗”。

穹庐广厦是天泉洞的第一个大厅，初次来此的人，立马就会被它的高大奇伟所惊倒，完全不敢相信这会是一个洞府。

因为太高，穹洞顶部上垂吊的石钟乳密不可辨，更加使人有“天似穹庐”的实感。在穹庐广厦的延伸处是长廊石秀，洞内两壁为“千佛岩”，佛龛大小不等，或为长方形，或为椭圆形，小巧玲珑似佛身的石钟乳与佛座巧妙结合，形成千态万状的石窟，人称“摩崖造像”。而在天泉洞中间地段，是最知名的泻玉流光厅，它的高大奇雄，是全洞之冠。这个大厅奇就奇在有一口天窗，阳光从窗射入，使整座大厅豁然开朗。从天窗飞流而下的泉水，透过地层，积而成潭，潭水清浅，上有曲桥。人从桥上过，抬头望天，渺冥莫测；低头看水，天又在水中。所以，多年来，人们来到此总会不禁吟咏起汪曾祺写过的那首短诗——“水在天上，天在洞底，千奇百怪，岂有此理。”

石海洞乡的第二绝是连绵千里的怪石。一高一矮的“夫妻峰”似夫妻携手、心心相印；直插云天的“七女峰”如同亭亭玉立、宛如轻舒彩袖的仙女；“石牙观”千姿百态、景致旖旎；“白龙马”浑身乳白、马颈银鬃；“美人石”体态苗条、娴雅俊秀，极为传神；“金龟戏狗熊”大者如熊憨态可掬、小者如龟曲意挑逗……在这处鬼斧神工的怪石群，山脚平湖清景，苍山倒映，人会在与大自然的和谐野趣中释放出最真实的童趣。

天下第一大漏斗不仅是石海洞乡的第三绝景观，还是世界级别的奇观。

它气势雄伟、深盆暗底、翠竹绿树、怪石林立。在石海洞乡中，有小岩湾大漏斗、大岩湾小漏斗，它们都是我国最早发现和对天坑进行研究的地方。

石海洞乡，地面怪石林立，地下溶洞纵横，天下奇观集于一地，上下相映，是大自然造就的神奇。

游览亮点

探险绝佳的天泉洞

陡峭惊险的九丝山

郁郁葱葱的小鱼洞

惟妙惟肖的神风洞

PART 7

风物

一方水土养一方人，号称“天府之国”的四川凭借得天独厚的环境，滋养出来的人物钟灵毓秀，物产新奇独特。蜀锦蜀绣、蒙顶山茶、川菜、麻将……四川给人的惊喜远远不止风花雪月、四季物象。

推荐理由

大熊猫已在地球上生存了至少800万年，被誉为“活化石”，世界自然基金会的形象大使，是世界生物多样性保护的旗舰物种。

最佳观赏地

成都大熊猫繁殖研究基地和卧龙大熊猫自然保护区。

极致体验

成都大熊猫繁育研究基地建设完全模拟大熊猫野外生活环境，建有湖泊、溪流、竹林、草坪等。可以近距离地欣赏可爱的大熊猫。

国宝闲隐竹林中

大熊猫，是闲适的隐士，
是我国的珍贵国宝。
大熊猫，是历史的见证者，
是动物的活化石。

圆圆的脸颊，大大的黑眼圈，胖嘟嘟的身体，内八字的行走方式，黑白相间的花斑……用当今网络最流行的词汇来说，大熊猫完全够得上是令人心化的“萌物”。

它是一种有着独特黑白相间毛色的活泼动物，体形肥硕似熊，头圆尾短。大熊猫的头部和身体毛色绝大多数为黑白相间，即鼻吻端、眼圈（呈“八”字排列）、两耳、四肢及肩胛部（横过肩部相连成环带）为黑色，其余即头颈部、躯干和尾为白色，腹部是淡棕色或灰黑色。虽然没有一张彩色照片，但是其极端的黑白两色却让这个世界更加多姿多彩。

据研究，大熊猫的祖先出现在300万~200万年前的洪积纪早期。距今几十万年前是大熊猫的极盛时期，那时，它们生活的范围相当广泛，遍及中国东部和南部的大部分地区。后来随着漫长的历史演变，同期的动物相继灭绝，大熊猫的数量也越来越少，成为世界濒危动物之一。因为孑遗至今的大熊猫依然保持着原有的古老特征，所以它当之无愧成为中国的“国宝”和“动物的活化石”。

众所周知，大熊猫的食谱非常特殊，几乎包括了在高山地区可以找到的各种竹子，当然它们偶尔也会食肉。因为这种独特的食物特性，大熊猫又被称为“竹熊”。但是，因为大熊猫生性孤

▼惬意地趴在树上的大熊猫，一脸可爱的神色。

大熊猫自然保护区中的雕塑，通过捕捉大熊猫充满母爱的瞬间，尽显大熊猫的可爱。

僻，常分散独栖于茂密的竹丛中，所以有人又称它们是“竹林隐士”。

别看大熊猫体形肥硕，却是难得一见的爬树能手。对于幼年大熊猫来说，爬树多半是为了玩耍；而对于成年大熊猫而言，这却是求偶婚配、逃避敌害的本能。春暖花开时节，为了爱，一向孤僻的大熊猫便会各自打破鸿沟，相互追逐，热恋成婚。

爱好饮水的大熊猫，大都选择生活在清泉流水附近，而且常常还会在水中喝得饱饱的。有时，也不惜长途跋涉到很远的山谷中去饮水。一旦找到水源，大熊猫就会像是一个酗酒的醉汉躺卧溪边，没命地畅饮，以至于“醉”倒不能走动。天气炎热时，它们通常会去小河里畅游几圈。潇洒至极的大熊猫平时多是独来独往，从来没有固定的栖息场所，四处流浪，走到哪里，就吃到哪里，睡到哪里。不过，它们的繁殖能力很低，一般每胎产一仔，且从出生到长大为成体，又需要两年左右的时间，在这期间，它们对食物及环境的要求比较高，稍不留神，便会导致疾病，甚至失去生命。

孔子曾说：“一箪食，一瓢饮，在陋巷，人不堪其忧，回也不改其乐。”意思是说，过多的欲望只会毁了生活，唯有内心简单快乐，宽广豁达，才能享有自在的人生。憨态可掬的大熊猫之所以总是给人一种不紧不慢、一副与世无争的印象，或许就是因为它们早已深刻领悟到此话的内涵了吧……

Tips

大熊猫每年春季恋爱、夏季孕育、秋季产仔、冬季育仔。而在秋天大熊猫产仔之际，可以欣赏它们一生中唯一的彩色时光。一般，新生的大熊猫仅长 10 余厘米，在出生后 7 天内呈现粉嫩的红色，7 天后才逐渐长出黑色和白色的体毛，这个季节可以在育幼室观赏到大熊猫一生中极为难得的画面。

食在中国味在蜀

麻、辣、咸、香、鲜里，
有着川菜的魂。
葱、椒、酱、醋、糖中，
带着川菜的味。

中国人向来讲究吃，有句俗语叫“民以食为天”，人一辈子就跟着柴米油盐、酸甜苦辣打转。随着几千年华夏文化的总结精选，中华美食也出现了鲁、川、粤、闽、苏、浙、湘、皖八大菜系。这八大菜系各有千秋，不分高下，但若要论起影响之广、追随者之众来，川菜自是首屈一指。

一说起川菜，无论是外省人还是外国人，总是首先想到“麻辣”二字。这种麻辣给人的感觉是其他菜系所不能比的。麻，是花椒赋予的特性，花椒同时也赋予了菜品生机。这种麻，带有一种青气的香，其与鲜辣的完美结合则能直接打开人的味蕾和嗅觉，直抵人的感官，令食客瞬间得到生理上的愉悦，越吃越过瘾。而这种感觉又在不知不觉中慢慢地积累，厚积薄发，直到最后大汗淋漓，痛快非常。如同关公给人的感觉，不论是温酒斩华雄，抑或斩颜良诛文丑，面对强敌始终稳如泰山，气定神闲，成为四川人鲜明的性格特征。

浏览川菜菜谱，与“麻辣”结缘的美食佳肴着实不少，回锅肉、麻婆豆腐、鱼香肉丝、宫保鸡丁、夫妻肺片、江津肉片、怪味胡豆等一系列驰名八方的菜肴，朴素得就像土地上的小草，不经意间，已穿过了各大中小城市的门槛。

回锅肉是川菜中不得不说的经典。它的样貌毫不惊人，先煮后炒，看似朴拙，但实际上对火候的要求却深藏不露，只有拿捏精准才能做出正宗地道的川味来。据说，久居外地的四川人回到家乡，点出的第一道菜就是回锅肉。

麻婆豆腐，豆腐的另一种味觉体验。

最佳吃川菜地

成都陈麻婆豆腐、顺兴老茶馆、自贡好吃客等餐馆。

推荐理由

中国特色传统的四大菜系之一、中国八大菜系之一、中华料理集大成者。

Tips

夫妻肺片：相传20世纪30年代，有个叫郭朝华的小贩，和妻子制作凉拌牛肺片，串街走巷，提篮叫卖。人们谑称其为“夫妻肺片”，沿用至今。

所谓“五味调和百味香”，川菜的味道之所以能达到色香味俱全的程度，当然离不开那些林林总总的佐料。四川人对味道的追逐几乎达到了极限，仿佛非猛料厚味不能对得起自己的味蕾。有人统计，川菜的传统味型共有23种，近年来博采众长的新派川菜，味型实际上已达到了40多种。而在这所有调料中，几乎所有川菜都离不开一道酱料——郫县豆瓣。它被称为是“川菜之魂”，其用料考究、工艺独特，至今已有300多年的历史。有意思的是，之所以得名“郫县豆瓣”是因为这道酱料只有在成都市郫县（现郫都区）才能做出正宗的味道。到了任何其他地方，即使使用一样的原材料和技术，味道也总会相去甚远。

川菜的神奇还在于它那旺盛的生命力和极强的感染力。走在四川各大城市，尤其是成都，从街边随处可见的小吃，到写字楼里会意大于品食的名品店，川菜既可以很简单，也可以很繁复；既可以很传统，也可以很时尚。如今，在各大城市，最受欢迎的饭馆永远都有川菜馆的影子，而大大小小的川菜馆也几乎时时高朋满座，若是名号响一点，大堂里、门口处到处都可见等位的人，那些食客翘首以盼、兴致勃勃的神情，任谁都会承认——食在中国，味在四川。

川菜，犹如一个古老的话题，在厚厚的中华美食教科书中留下了永恒印记。它从千家万户的门缝中烹香出了世界的口味，它在各种方言里柔和了时间和距离的交流。提起川味，就会勾起味蕾的颤动，那种味道，经典又意味深长。

▶ 郫州川菜博物馆中的豆瓣制作工艺。

钟灵毓秀川妹子

川蜀天府国，临水出美女，
川妹子像诗句，含蓄隽永。
南国有佳人，容华若桃李，
川妹子像歌曲，余音绕梁。

▶ 行走于成都的大街小巷，少不了的总是美女们的靓影，装点着这座城市。

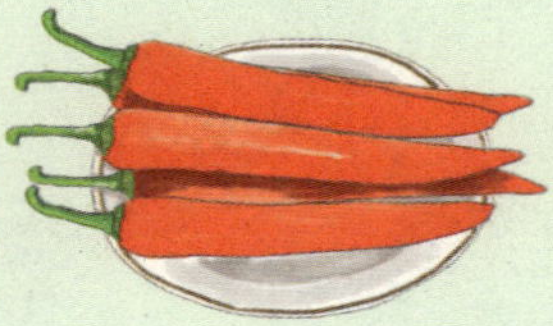

推荐理由

水，不仅给四川带来了丰富的物产，还给四川带来了如云的美女，这里的美女模样秀丽、性情爽直、待人热情。

“回眸一笑百媚生，六宫粉黛无颜色”“南国有佳人，容华若桃李”“美人卷珠帘，深坐颦蛾眉”……美女，是古今中外一个长盛不衰的话题。

四川因为地灵物丰、山水相连，使得四川女人吸纳了山之灵性、水之温柔，成为中国著名的美女产地之一。近年来，民间有一传说广为流传“要说美，找川妹”，还有一种说法是“年少不入川”，意思是如果男人太年轻了到四川去，容易受到诱惑。这些说法虽然有些夸大其词，但“天府出美女”这种感慨也的的确确让许多到过四川一游的外地人由衷叹道：结婚太早。

川妹子是四川女人最家常的名字，亲切而温柔。

因为秉承了天府之国地域狭小、山清水秀的特点，川妹子大都玲珑小巧、凹凸有致，尤其是眼睛漂亮，皮肤出奇娇嫩，有“一掐一股水”的感觉。不论是上班族，还是学生美眉，川妹子似乎并不喜欢浓妆艳抹，她们基本都是轻描淡写，然而天生丽质的外貌，同样会让人万分惊艳。

Tips

耙（pā）耳朵：四川方言，因男子结婚后常被妻子揪耳朵而形象地留传开，一般形容男子耳根软，怕老婆。但四川的男人对这个雅号并不反感，而且乐意当“耙耳朵”。这也从另一个角度说明了川妹子泼辣刚强，当得了家，理得了事，值得男人敬畏，饱含了赞许。

与蜀地给人舒适闲淡的感觉一样，川妹子都隐隐地透露着一种淡淡的、慵懒的、休闲的味道，这种慵懒，又让她们增添了一种温柔小猫式样的妩媚。如果你想有场风花雪月的故事，找个川妹子做女朋友绝对是一大妙事。

不过，外表看似文静秀丽、比较柔弱的川妹子，实际上内心大多异常坚强，而且性格又麻又辣。四川多发的阴雨天气并没有让川妹子滋生忧郁，反而赋予了她们开朗豁达的性格和豪爽的脾气。——大概这是因为川妹子除辣食之外兼容八方五味的缘故吧——川妹子爱吃火锅，也爱吃涮羊肉和海鲜，麻辣味融于一体；另外，她们由于常常“摆龙门阵”的缘故，大都唠叨能言，舌灿如花。更为幸福的是，川妹子的声音带着从蜀腔中透出来的甜意，不同于吴浓软语的柔媚，没有抑扬顿挫，却是珠圆玉润，听在耳里极为舒服。

无论是生活中，还是工作中，川妹子时时刻刻都展示着她们独有的风情。

川妹子普遍都掌握着一手好厨艺。在她们看来“圈住男人的心，先圈住他的胃”是至理名言，色香味俱全的川菜对男人绝对是一种上等的诱饵。可能是由于地处内地，川妹子还都秉承着“男主外，女主内”的传统习惯。她们操持着家里一切大大小小的事务，在外面却温顺得像只小绵羊，满足了那些大男人最看重的“面子”，回到家后还能让这些虚荣心得到满足的大男人却摇身一变成为心甘情愿听候差遣的“忠仆”，这恰恰就是四川女人的精明之处。除了在家相夫教子外，在外工作上川妹子也能处事果断干练，有时在大局上，就连男人都自愧不如。

俗语云，“一笑倾人城，二笑倾人国”。川妹子正有这样的特质，兼具北方的爽利与南国的温婉，却又不失川中特有的麻辣鲜香……

▲ 位于成都街头的美女雕塑，与经过此处的美女们交相辉映，亦真亦幻。

麻将宥于岁月中

最佳打麻将地

成都各个茶馆或公园，如人民公园、青城山等。

推荐理由

四川麻将由来已久，别具趣味，想要体验最原汁原味的四川生活，打麻将绝对是必不可少的活动之一。

麻将四四方，摆在桌子上，
不管一天日头长。
麻将哗哗响，洗牌相碰撞，
不玩尽兴不下场。

无论何时何地，提起麻将，多多少少都有几分“不务正业”的味道，但这种味道到了四川，却化为蜀地人最实实在在的生活要素。

在中国，麻将的来历久远到无人能说个明白，但在四川，麻将却足足风行了千百年。对四川人而言，麻将早已脱离玩物丧志的范畴，很大程度上更是平民百姓一种精神乃至信念上的依托。

有人分析原因说，四川地处天府之国，特别是东部土地肥沃，天灾人祸很少，百姓的生活安逸巴适，闲暇时聚在一起喝茶摆龙门阵成了公众常做的事，而在这样的大环境下，注重多人参与、配合的麻将游戏则顺理成章地成为最深入人心的活动形式。也有人说，麻将是“湖广填四川”时期流传下来的一种独特的沟通交流方式。不管真相如何，麻将确确实实已是四川人生活中不可缺少的一部分……

四川全省不分官民上下、男女老少、贫困富裕、城市农村，都要打麻将。走遍四川的大城小县，走遍城市的大街小巷，无论是公园、小区，还是茶楼、街边铺面，随处可见的都是一桌一桌搓打麻将的人群，那有韵律的“哗哗”麻将声弥漫在街边巷尾，充斥在每个路人耳边，所以曾有人开玩笑说：“飞机一飞到成都上空就可以听到打麻将的‘哗哗’声。”四川人对麻将的喜爱，也由此可见一斑。

在四川，基本上每家每户都有一副麻将，大凡单位搞活动、家里宴请客人，都免不了一场“方城大战”。对四川人而言，麻将不仅仅是娱乐工具，其中还暗藏了很多四川人的处世方法。比如，逢年过节时，和家人一起打麻将，可以增进亲情的融洽；在职场中，在麻将桌上可以很自然地拉近与领导的距离，打通“关

四川的麻将深入人心，几乎遍及每家每户。

节”……

四川麻将打法繁多，虽是一个省也是一个地区一个打法，比如绵阳、南充喜欢打“摆和”，简单地说就是把自己要和的牌摆出来，摸到后可以加番；省会成都却喜欢“血战到底”，听起来好像很猛烈，但其内涵优势的“三番止步”，却使牌局骤然温和。这种打法即便有人和牌也不结束，一直要打到最后两个人决出胜负为止，因而如果一开始没有和牌也并不打紧，只要做了一个大和，最后还是有机会比先和的人赢得多。

Tips

查叫：一局结束时，有两家或以上未和牌，此时查叫。无叫的给有叫的赔叫（赔大或赔小需自行商定，死叫算不算叫需自行商定）。若无叫，杠不计算。

可能是为了减少每一把打牌的时间吧，四川人在麻将中去掉了北方麻将中常用的东、南、西、北风，以及红中、白板等牌。但是，为了增加牌局的刺激性，四川麻将又演变成了现在的刮风下雨（开杠）、血战，所以四川麻将在全国麻将中又成为“独树一帜”的分支。

舒适恬淡、悠闲自在，在平静的生活中寻找乐趣、在安逸的环境中找寻刺激，时而风平浪静，时而心潮澎湃，四川麻将的牌局就像四川人的性格一样，随和但不失激情、知足却不丢欲望。

成都提供给市民们休闲娱乐的麻将馆，将麻将、茶室、休闲融为了一体。

蜀戏精绝冠天下

拭、揉、抹、吹、画，且看川剧变脸，
脸谱里藏的是故事。
锣、鼓、钹、梆、琴，但听蜀戏调子，
唱词里讲的是人生。

▲川剧变脸和人山人海的观众。

最佳看剧地点

成都顺兴老茶馆、锦江剧场、中国川剧大剧院、蜀风雅韵民俗茶馆等。

推荐理由

曲牌丰富，语言幽默风趣，列入第一批国家级非物质文化遗产名录。

戏一别离，一生一悲喜。戏曲的魅力就是这样。一方小小的天地，一出闹哄哄的戏，演绎着或悲壮、或婉约、或至情的故事，仿佛悲欢离合人生的浓缩，又像是人生袖珍的舞台。台上是公子和小姐的袅娜风流，是英雄与英雄的壮士扼腕，台下是密密麻麻的人群，是人头攒动的喧闹。循着戏文的演绎，那些似水流年里淡了的人烟、荒了的阁楼，以及流沙般握不住的时光，刹那间仿佛化为一缕春光，在观众心中久久回响……

在中国古老戏曲的长河中，川剧无疑拥有独特的艺术品貌与个性。

早在唐代，川剧就有“蜀戏冠天下”的说法。清朝乾隆年间，在四川本地车灯戏的基础上，川剧吸收融会了苏、赣、皖、鄂、陕、甘等各地声腔，最终形成了这种含有高腔、胡琴、昆腔、灯戏、弹戏五种声腔的、用四川话演唱的地方戏曲音乐。

从传统到现代，从东方到西方，自诞生伊始，川剧就打上了蜀地风土人文的深刻烙印。它包含小生、旦角、生角、花脸、丑角5个行当，各行当均有自成体系的功法程序，尤其以文生、小丑、旦角的表演最具特色。川剧的表演形式、不同的人物艺术和饱满的人物性格都彰显出对人的个性和主体精神的高扬、对自由的渴望，以及对理想和自我实现的执着。

为了更好地塑造人物，川剧艺人还创造了多种绝技。

变脸就是川剧绝活中最为知名的一个。身着斗篷的艺人头一扭，手一挥，黑脸、白脸、花脸、红脸、人脸、鬼脸……十几张脸就在几十秒的时间里变出来。所以，尽管已经流传多年，但是只要有变脸表演的地方，必然掌声、喝彩声不断。有报道说，变脸艺人最快能达到1/270秒变出一张脸，或威武正气，或滑稽逗乐，或狰狞可怖，然而不论人们多近距离去观赏，都无法在这精彩绝伦的变脸背后看出丝毫破绽。这也由此使得变脸技艺更加神奇。

藏刀、吐火，也是川剧中独一无二的神秘绝技。

四川的“耍”文化在这一绝技中开始发酵，各种危险性动作的呈现、刺激的表演，都让观众心潮澎湃，激动不已。几分钟的时间，表演者以魔术般的技法，瞬息间在变化的脸谱下，表演吐火或藏刀神功，这种诡异的组合，无论何时何地总能艳惊四座。若是有闲情，观看表演时还可点上一杯盖碗茶，心跳之余还能品一品四川人最生活的味道。

高腔是川剧中最主要的演唱形式，被称为是戏曲四大声腔之一，兼有高亢激越和婉转抒情的唱腔曲调。它最早源于江西弋阳腔，明末清初流入四川，楚、蜀之间称为“清戏”，清朝乾隆年间，高腔成为蜀中最主要的声腔。之后在保持“以一人唱而众和之，亦有紧板、慢板”的传统基础上，川剧艺人又大量从四川秧歌、神曲、连响、号子中广泛取材，丰富和发展了“帮、打、唱”紧密结合的特点，终于形成具有本地特色的四川高腔。

在四川，人们常说“看不完的是川剧，摆不完的是龙门阵”。将生活的大俗大雅，孕育在艺术中，将快乐的情绪传递给远方人，活着、走着、唱着、玩着、闹着，这就是川剧，这就是四川人世世代代的“巴适”生活。

Tips

抹脸：将化妆油彩涂在脸的某一特定部位上，到时用手往脸上一抹便可变成另外一种脸色。如果要全部变，则将油彩涂于额上或眉毛上。如果只变下半部脸，则将油彩涂在脸或鼻子上。如果只需变某一局部，油彩只涂要变的位置即可。

▼ 成都西园中上演的川剧折子戏，唱念做打，尽显古美的华夏文化风华。

蚕从锦绣之乡国

蜀锦是一种具有汉民族特色和地方风格的多彩织锦，和南京云锦、苏州宋锦、广西壮锦并称为“中国四大名锦”。

蜀绣，以软缎和彩丝为主要原料，与苏绣、湘绣、粤绣并称为“中国四大名绣”。

最佳看蜀绣蜀锦地

四川蜀锦织绣博物馆。

推荐理由

配色鲜艳，工艺严谨细腻，均入选第一批中国国家级非物质文化遗产名录。

竹编、剪纸、木雕、泥人、皮影……这些貌似不起眼的手工技艺或表演艺术，都是经历千年风雨、一代又一代传承下来的弥足珍贵的历史文化瑰宝，是最贴近自然和最能震撼我们心灵的艺术工艺。从某种程度上而言，它们所承载的精深的技艺，不仅仅是美那么简单，更多的是一种“属于江湖”的传说。

在巴蜀的传统工艺园地里，蜀锦与蜀绣就是这样并蒂开花的姐妹精粹，它们精美绝伦、贵气逼人，是穷工极巧的蜀中之宝。

在古代丝织物中，“锦”是代表最高技术水平的织物，而蜀锦更是经历了历史的繁盛与沧桑，承载着中国几千年的艺术文化，其精华被保留至今，贯穿着整个蜀地文明。手工织锦技艺在“天府之国”成都这片土地上延续了2000多年，是成都的标志性技艺，所以成都又被称为“锦城”“锦官城”。

据记载，早在战国时期，蜀锦就是流传海外的贸易品，当时官府还专门开辟了一条经成都、云南、缅甸、印度、巴基斯坦到中亚的国际文化交流通道，即著名的“南方丝绸之路”。唐朝时，四川蚕丝业步入鼎盛时期，人人都称中国之锦“成都独称妙”。不过，蜀锦的工艺达到炉火纯青的境地还是在明清时期，是当时朝廷赠送国外嘉宾的国礼。

得益于历史悠久的缘故，蜀锦在发展的过程中出现了多个品种，雨丝锦、方方锦、铺地锦、散花锦、浣花锦都是常见的种类。

著名的雨丝锦主要是用白色和其他色彩的经丝组成的锦面，图案丰富多彩，有天安门、杜甫草堂、望江楼、百花潭、芙蓉白凤等。这种锦缎色络由粗渐细，白经由细渐粗，交替过渡，呈现出明亮对比的丝丝雨条状，具有烘云托月的艺术效果，给人一种轻快而舒适的韵律感。浣花锦传说是唐代卜居成都浣花溪的贵妇人根据溪水荡漾的变化设计的花纹，主要是采用平纹或缎纹，并以曲水纹、浪花纹与落花组合图案，纹样图案简练古朴、典雅大方。

Tips

滚针：蜀绣基本针法之一。是一种长短针，一针靠一针的滚，不露针脚的称叶藏滚；稀疏显现针脚的称亮滚。这种针法能体现绣制物像的自然形态。

同蜀锦一样，蜀绣也萌芽于古蜀时期先人的智慧和创造。

在蜀国时期，蜀绣因为经常被用来交换北方的战马和其他物资，成为蜀国主要的经济来源和支柱。据说在唐朝末期，南诏进攻成都时，除了大肆掠夺金银财宝外，蜀绣以及蜀绣工匠也被视为奇珍异物，由此足见蜀绣在当时神州大地上的名气。在当时的成都，刺绣几乎是每个女子的必修课，她们很小就被送到作坊里学习针法，日夜不息，风雨不止，所以，一捧白纱，一抹寒针，便成了每个女孩子烟雨蒙蒙的童年。

据统计，蜀绣的针法有百余种，晕针、铺针、滚针、截针、掺针等，每一种都是为表现绣物的质感，使其惟妙惟肖。熊猫的憨态、人物的秀美、山川的壮丽、花鸟的多姿……一切尽在绣女针尖上的功夫。所以，很多人第一眼看到蜀绣作品时，都会为之震惊，随之便是一声感叹，那面料上栩栩如生的一切，仿佛穿透了历史，扼住了时间。

在千年的代代传承中，蜀锦与蜀绣就这样伴随着千古不变的节奏，将悠悠岁月织进了千丝万缕的精美之中。

▼蜀锦的龙袍，彰显着皇家的威仪。

最是一碗蒙顶茶

蒙顶茶，是蒙顶山的灵茗，
碧清微黄，清澈明亮。
蒙顶茶，是蒙顶人的匠心，
滋味鲜爽，浓郁回甜。

最佳喝茶地

蒙顶山各大茶园和成都各茶馆、公园中。

推荐理由

汤色碧清微黄，清澈明亮，滋味鲜爽，浓郁回甜。

茶文化，素来是中华文化的瑰宝，蕴含着中华文明的生活态度和生活智慧。

论起中国人饮茶的历史，悠久到无人能说清。有人说中国人饮茶源于上古神农氏，也有人认为是起于周，还有甚者认为是起于秦汉、起于三国。虽然关于茶的“出生时辰”众说纷纭，但蒙顶山却是真真切切的中国历史上有文字记载人工种植茶叶最早的地方。

蒙顶山被尊为中国茶文化圣山，山上有上清、菱角、毗罗、井泉、甘露五座山峰。在古人的记载中，蒙顶山“仰则天风高畅，万象萧瑟；俯则羌水环流，众山罗绕，茶畦杉径，异石奇花，足称名胜”。据说 2000 多年前，僧人甘露普慧禅师吴理真“携灵茗之种，植于五峰之中”。他所种下的茶树“高不盈尺，不生不灭，迥异寻常”，其茶叶“味甘而清，色黄而碧，酌杯中，香云罩覆，久凝不散”，而且常饮此茶还能健脾益胃、延年益寿，所以蒙顶茶又被称为“仙茶”。

蒙顶茶真正迎来辉煌发展的黄金时期，是在唐玄宗一朝。当时，玄宗闲暇时读到诗人黎阳王讴歌蒙顶山茶的诗赋——“闻道蒙山风味佳，洞天深处饱烟霞。若教陆羽持公论，应是人间第一茶。”后来，他又看到白居易写的“琴里知闻唯渌水，茶中故旧是蒙山”，以及文同写的“春动名山花药香，蒙顶新茗渴未尝”等诗句，一时间龙颜大悦，颁发圣旨道：“封蒙顶山仙茶为皇宫贡茶，名列全国四十种贡茶之首，改‘仙茶园’为‘皇家园’。”从此以后，蒙顶山茶不仅成为贡茶，还成为皇帝登临泰山祭天的专用茶。

在历史的长河中，虽然江山几多更迭，但蒙顶茶作为贡茶一直延续到清朝末年。尤其在宋朝，蒙顶茶几乎到了发展的极盛时期。从宋神宗元丰元年（1078年）起的近百年中，蒙顶茶的质量有很大提高，制茶技艺进一步完善，创制出万春银叶、玉叶长春等贡品。当时，蒙顶茶在驼铃叮当的茶马古道上，漂洋过海，走过西藏，延伸至不丹、斯里兰卡、尼泊尔、印度境内，甚至直抵西亚、西非红海岸。在这条完全凭借人力踩出来的千年古道上，蒙顶茶在茶商的背上远走天涯，在背夫的汗水里嬗变成藏茶，从此，雪域的锅庄飘满了蒙顶茶香。

茶，源于尘土，止于流水。在杯杯盏盏中，飘散出丝丝幽香，仿似冲淡了纷扰浮尘，令人沉淀思绪，静守一方致远。都说人生有味是清欢。茶，给人的感觉便是如此。在淡淡的茶香里，人的昏沉睡思渐渐退去，如同晨雾，徐徐散尽。看那一片片细叶慢慢浸润又缓缓沉浮，热热的温度捧在手中，温暖人心，这是平淡从容的心境，这是安闲慢透的时光。此时，人会逐渐明白，滚滚红尘中的沉浮、荣辱、炎凉，不过如云烟过眼。苦乐随心，人生唯有淡泊宁静，方能自在。

在晨曦初绽的清晨，在阳光晴好的午后，在夕阳西下的黄昏，泡一壶蒙顶茶，让舌尖的余味舞出一袭清寒，看飞水从壶中直下青花瓷碗，心思荡廻，欢颜成空，恍惚之间，有关成诗染画的往事，就在这氤氲茶香中，追随一缕蒙山茶魂飞往天涯……

Tips

蒙顶甘露：采摘标准为一芽一叶初展，新鲜芽叶适当摊放，以高温杀青，经三炒、三揉、三烘和整形工序。外形美观，条索紧卷，浅绿油润，香气高爽，味醇甘鲜，汤黄微碧，清澈明亮。

蒙顶山上的茶园中片片碧翠鲜嫩的叶片，将最终变成回味无穷的茶饮。